ÉCONOMIE POLITIQUE

OU

PRINCIPES

DE LA SCIENCE DES RICHESSES,

PAR JOSEPH DROZ,

DE L'ACADÉMIE FRANÇAISE.

PARIS.

JULES RENOUARD, LIBRAIRE,

RUE DE TOURNON, n° 6.

BRUXELLES.

LIBRAIRIE PARISIENNE.

1829.

ÉCONOMIE POLITIQUE

Avis de l'Éditeur. J'ai fait imprimer ce livre avec les mêmes caractères et sur le même papier que les *OEuvres* de l'auteur, dont il forme le tome III.

Les personnes qui ont acquis les deux premiers tomes, pourront supprimer ce titre, et le remplacer par celui qui se trouve à la fin du volume.

OEuvres de Joseph Droz, 2 vol. in-8, avec portrait. 14 fr.
— Avec l'Économie politique. 10

Ouvrages de M. Droz qui se vendent séparément :

Essai sur l'art d'être heureux. *Sixième édition*, 1 vol. in-18 2

De la philosophie morale ou des différens systèmes sur la science de la vie. *Troisième édition*, 1 vol. in-18 . . 3

Applications de la morale a la politique, 1 vol. in-8. 4

Économie politique ou principes de la science des richesses, 1 vol. in-8 7

Études sur le beau dans les arts. *Seconde édition*. 1 vol. in-8 4

Jacques Fauvel, roman, par MM. Droz et Picard, 4 vol. in-12 10

IMPRIMÉ CHEZ PAUL RENOUARD,
RUE GARANCIÈRE, N° 5.

ÉCONOMIE POLITIQUE

OU

PRINCIPES

DE LA SCIENCE DES RICHESSES,

PAR JOSEPH DROZ,

DE L'ACADÉMIE FRANÇAISE.

A PARIS,

CHEZ JULES RENOUARD, LIBRAIRE,

RUE DE TOURNON, N° 6.

M. DCCC. XXIX.

PRÉFACE.

J'eus occasion, il y a quelques années,
de parler d'économie politique à des hommes de beaucoup d'esprit, dont les connaissances sont variées. Je ne pus leur cacher
ma surprise, en voyant que cette science
leur était absolument étrangère. Les uns
me dirent qu'elle est sans attrait pour eux;
les autres, qu'ils avaient ouvert des ouvrages d'économie politique et ne les avaient
point compris.

Ces réponses m'affligèrent, car il s'agissait d'une science qui me paraît offrir une
haute importance. Je l'ai cultivée dès ma

jeunesse *; et j'ai senti, de plus en plus, combien elle touche de près à tous les intérêts de l'humanité.

Je cherchai les causes de cette indifférence, de cet éloignement que beaucoup de personnes montrent pour une science qu'elles ignorent. Parmi ces causes, il en est une dont je vis le remède, et qui, par cela même peut-être, me frappa plus encore que les autres. Un livre nous manque; il n'est point assez facile de commencer l'étude de l'économie politique.

Nous avons, sur cette science, d'admirables ouvrages; mais aucun de leurs auteurs n'a pris soin d'aller toujours du connu à l'inconnu, seul moyen cependant de guider sans effort les esprits, et de les amener, en quelque sorte, à découvrir eux-mêmes la

---

* En 1801, le gouvernement fut sollicité de rétablir les maîtrises et les corporations; je publiai une brochure contre ce projet.

vérité. Si l'on commence par dire que l'économie politique traite de la *formation*, de la *distribution* et de la *consommation* des richesses, on s'énonce avec exactitude; mais je conçois que plus d'un lecteur pose le livre. En effet, cette manière très juste de s'exprimer, est inintelligible pour quiconque ne possède pas déjà la science qu'il s'agit d'enseigner.

Ensuite les ouvrages d'économie politique les plus célèbres sont volumineux : cela suffit pour effrayer certains lecteurs. Bornons-nous à considérer ceux dont l'attention est capable d'efforts. Pour apprendre une science, il faut d'abord discerner ses principes fondamentaux, et les classer dans son esprit. Ce travail est bien moins difficile en étudiant un livre concis, qu'en lisant un ouvrage fort étendu, où le nombre des idées secondaires distrait, et pour ainsi dire étourdit l'attention, quelque soin, d'ailleurs, que l'auteur ait pris pour mettre les idées principales en évidence, à l'aide de la méthode.

Nous avons des *Abrégés;* mais les écrits très succincts me paraissent plus propres à rappeler aux hommes instruits l'ensemble des principes, qu'à les expliquer à des commençans. La meilleure production de ce genre est le *Précis d'économie politique* publié par M. Blanqui.

Parmi les ouvrages dont l'étendue me semblerait convenable pour rendre facile une première étude, celui de madame Marcet * a, peut-être, le plus approché du but. Mais, depuis qu'il a paru, l'économie politique a fait de grands progrès : ce livre, d'ailleurs, offre peu de méthode; et l'auteur a choisi la forme du dialogue qui n'est pas la meilleure pour instruire. Quand l'élève interlocuteur expose des idées, on ne sait

* *Conversations sur l'économie politique,* trad. de l'anglais, par M. Prévôt de Genève.

si elles sont justes, ou si le maître va les
réfuter ; il en résulte de la confusion,
on est obligé de mettre une attention pénible à se garantir de cette espèce de piège.

Persuadé qu'il est trop difficile de commencer l'étude de l'économie politique, je
résolus d'écrire un ouvrage où j'essaierais
d'éviter les divers inconvéniens dont je viens
de parler. Je me proposai d'aller toujours
du connu à l'inconnu, dans un volume qui
n'aurait pas assez d'étendue pour fatiguer
l'attention ; et qui, cependant, me permet-
trait d'offrir les développemens nécessaires.
Je me promis de ne jamais laisser perdre de
vue les rapports intimes de l'économie politique avec le bonheur des hommes ; et j'es-
pérai donner ainsi à ce genre d'études l'attrait dont tant de personnes ne le croient
pas susceptible, faute de le connaître.

Les gens du monde, s'ils lisaient ce volume, éviteraient des erreurs qui souvent,
dans la conversation, leur échappent ; et

qui ne passent inaperçues qu'à la faveur d'une ignorance trop générale. Les jeunes gens qui, pour fournir une carrière honorable, ont besoin d'études approfondies, trouveront dans ce livre les principes, les bases de l'économie politique; et je m'estime heureux si je les mets en état de lire, avec plus d'intérêt et de fruit, les auteurs que j'aime à nommer les maîtres de la science.

Un des plus beaux génies qu'ait produit l'Angleterre, Smith a, d'une main sûre, ouvert la route où marcheront à jamais les hommes qui feront avancer la science dont nous allons nous occuper. Cependant, ce n'est point à son ouvrage que je conseillerais de passer aussitôt après celui-ci. Cet écrivain dépourvu de méthode superpose ses idées sans ordre; et, tout en admirant quel nombre de vérités il a répandues, on a reconnu des erreurs qu'il avait laissé subsister, ou même qu'il avait fait naître.

M. Say est l'auteur qu'il faudra lire d'abord. Aucun homme n'a rendu plus de services à l'économie politique. Le rare talent d'observation avec lequel il a rectifié et complété cette science, l'ordre qu'il a su le premier lui donner, son style qui réunit à la clarté l'élégance et la chaleur qu'admettent les sujets sévères, l'ont placé à la tête des hommes qui, dans leurs veilles, explorent la science des richesses, et lui ont mérité une réputation qui fait honneur à notre patrie. *

J'indiquerai comme un livre utile celui que M. Storch a publié en Russie **, et qu'on a réimprimé en France avec des notes de M. Say. Le texte et les notes offrent sou-

---

* Le *Traité d'économie politique* de M. Say est traduit dans presque toutes les langues de l'Europe. L'auteur publie maintenant un *Cours complet*, qui doit avoir six volumes ; les trois premiers ont paru.

** *Cours d'économie politique*, composé pour l'instruction des princes russes.

vent une espèce de discussion, très propre
à exercer le jugement du lecteur.

Deux productions fort remarquables sont
l'*Économie politique* de M. de Tracy, et les
Élémens d'Économie politique de M. Mill*.
Ce dernier a de l'obscurité. Les mots *répandre les lumières* offrent une métaphore,
dont le sens devrait être toujours présent à
l'esprit des écrivains. Une science peut être
plus difficile qu'une autre, mais il n'en est
pas dont les leçons soient nécessairement
obscures.

Après avoir formé son jugement, on lira
des ouvrages où de graves erreurs se mêlent
à d'importantes vérités : tels sont les *Principes d'Économie politique*, de M. Malthus**

---

* Trad. par M. Parisot.

** M. Constancio a traduit cet ouvrage, ainsi que celui de
David Ricardo, intitulé *Des Principes de l'économie politique et de l'impôt*. Bien que Ricardo ait traité quelques
questions avec sagacité, j'ai peine à concevoir l'enthou-
siasme qu'il a excité dans un grand nombre d'Anglais.

les *Nouveaux Principes d'Économie politique* de M. de Sismondi, etc.

Enfin, on prendra connaissance de quelques ouvrages, tels que ceux de Jacques Steuart [*], de M. Ferrier [**], etc., pour voir les vieilles erreurs avec tous leurs développemens, et pour être plus en état de les repousser, lorsqu'elles viennent à surgir de nouveau.

Des hommes superficiels refusent à l'économie politique le titre de science; et pour prouver qu'elle repose sur des données incertaines, ils disent que les écrivains qui s'en occupent, loin d'être d'accord, offrent des opinions divergentes, réfutées les unes par les autres. Il pourra toujours y avoir sur un sujet deux opinions, puisqu'il y aura toujours des esprits justes

[*] *Recherche des Principes de l'économie politique.*

[**] *Du gouvernement considéré dans ses rapports avec le commerce.*

et des esprits faux. Les premiers sont les seuls dont les débats seraient inquiétans ; mais ils s'entendent sur les points fonda mentaux, ils arrivent aux mêmes résultats pratiques. Vouloir davantage, ce serait oublier que la liberté de penser exclut l'identité absolue des opinions, et que cette identité ne saurait se concilier avec les recherches qu'exige l'avancement des sciences.

On peut recueillir beaucoup de faits et d'idées, en conversant avec les hommes qui, par état ou par goût, ont observé les causes du progrès des richesses. Toutefois, pour profiter des conversations, il faut avoir déjà de l'expérience, il faut savoir discerner si des intérêts particuliers n'influent point sur les opinions qu'on entend énoncer. Il est utile aussi de suivre les discussions relatives à l'industrie dans les assemblées délibérantes ; mais, trop souvent, on y voit combien les préjugés dominent encore l'administration des états. Plusieurs séances du parlement britannique ont offert un grand intérêt, lorsque M. Huskisson était au ministère : la retraite de cet homme supérieur est une calamité universelle.

L'ouvrage qu'on va lire doit beaucoup à ceux qui l'ont précédé. Souvent la manière d'exposer ou de démontrer un principe est tout ce qui m'appartient. Cependant, l'économie politique est une science trop récente pour qu'on ne puisse encore y faire quelques découvertes, en lui consacrant des années. On trouvera des aperçus nouveaux dans plusieurs chapitres, tels que ceux où je parle de *l'utilité et de la valeur*, de *l'épargne et des capitaux*, des *salaires*, de la *population*, de *l'emploi du revenu*, de *l'abus qu'on peut faire de la science des richesses*, etc. L'ordre dans lequel on expose les idées est, après leur justesse, ce qu'il y a de plus important : j'ai modifié la division ordinaire de l'économie politique ; on verra au commencement du second livre, les motifs qui m'ont déterminé. Je crois avoir ajouté quelque chose à la science dont je vais tracer les principes ; et, sous divers points de vue, cet ouvrage destiné surtout à la jeunesse, peut être offert aux hommes qui, par leurs travaux, ont approfondi l'économie politique.

ÉCONOMIE POLITIQUE

ou

PRINCIPES

DE LA SCIENCE DES RICHESSES.

LIVRE PREMIER.

DE LA FORMATION DES RICHESSES.

CHAPITRE PREMIER.

BUT DE L'ÉCONOMIE POLITIQUE.

L'économie politique est une science dont le but est de rendre l'aisance aussi générale qu'il est possible.

Tous les hommes de bien, alors même qu'ils ne s'élèvent point à de savantes théories, essaient de concourir à ce but. Celui qui, dans la rue,

donne aux pauvres quelques pièces de monnaie
veut adoucir la misère; mais, souvent il ne fait
qu'encourager la paresse et solder le vagabon-
dage. Celui qui, pour faire de ses dons un meilleur emploi, cherche les familles vraiment dignes de sa sollicitude, obtient des résultats plus
heureux sans doute; mais ses dons, quelque
nombreux qu'on les suppose, sont des secours
partiels et momentanés. Vainement épuiserait-on
les ressources de la bienfaisance; le seul moyen
de rendre l'aisance générale est de répandre
l'industrie.

L'activité ou la langueur du travail dans la société, la bonne ou la mauvaise répartition des
richesses dépendent, sous beaucoup de rapports,
des idées justes ou fausses que les gouvernemens
et les particuliers ont en économie politique.
Cette science est donc essentielle pour améliorer
le sort des hommes. Ceux qui, pleins d'idées exagérées et vagues sur la morale, voient en pitié
qu'on cherche à multiplier les richesses, sont
des rêveurs qui s'égarent dans de vaines ou funestes théories. Formé d'une intelligence et d'un

corps, l'homme a des besoins moraux et des besoins physiques; la morale est la première des sciences, l'économie politique est la seconde.

La science qui va nous occuper serait très importante, alors même qu'on songerait seulement à ses rapports avec nos besoins physiques, puisqu'elle influe sur le bien-être, sur l'existence des hommes. Mais, pour peu qu'on y réfléchisse, on voit qu'elle a des rapports intimes avec nos besoins moraux. Combien de vices, de crimes, on ferait disparaître, si l'on parvenait à bannir l'oisiveté et la misère!

Quelle haute considération doit encore frapper les esprits! Ce n'est point dans une seule contrée, au préjudice des autres, que l'économie politique veut répandre l'aisance. Dès long-temps la religion et la philosophie disent aux hommes de vivre en paix, de s'entr'aider pour recueillir les biens que leur destine la nature; et dès longtemps on traite de chimériques leurs desirs généreux. Voici qu'une science occupée des travaux les plus matériels vient, en nous enseignant les moyens d'accroître nos richesses et nos jouissances, démontrer que notre intérêt doit nous porter à suivre les conseils pacifiques de la religion et de la philosophie. Plus les lumières se répandront, mieux on jugera que le plus puissant auxiliaire de la morale est l'économie politique.

A ces considérations on doit en ajouter qui naissent de l'époque où nous vivons. Jamais les hommes n'ont autant parlé de l'industrie; une multitude de voix célèbrent ses avantages. Il ne peut être sans intérêt, pour quiconque observe son siècle, de savoir comment l'industrie se développe, quels obstacles s'opposent à ses progrès, et quels moyens rendraient moins inégal le partage de ses bienfaits entre les différentes classes de la société. Je ne connais aucun pays où l'économie politique soit inutile, puisque les biens qu'elle enseigne à produire sont partout nécessaires; mais il est évident qu'elle acquiert un nouveau degré d'utilité dans les états où beaucoup d'hommes sont appelés à discuter les affaires publiques. Par quel prodige seront-elles dirigées avec sagesse, si l'on apporte des notions vagues où il faudrait des connaissances positives?

Ces idées rapides suffisent pour prouver qu'une science, négligée dans nos études, y devrait occuper une place importante, et qu'elle peut offrir des charmes aux esprits élevés. Je laisse les considérations générales : l'économie politique traite des *richesses ;* formons-nous d'abord une idée juste de ce qu'il faut entendre par ce mot, auquel on a donné des significations très diverses.

CHAPITRE II.

DES RICHESSES.

Lorsque vous parcourez un pays, si vous apercevez des habitations misérables, où l'air et la lumière ne pénètrent que par d'étroites ouvertures, et dont l'intérieur ne renferme que des meubles grossiers ; si dans les villes, ainsi que dans les campagnes, vous voyez beaucoup d'hommes qui sont mal vêtus, et dont la nourriture est à peine suffisante, alors même qu'on vous apprendrait que, dans chaque province, il existe plusieurs familles opulentes, et que le prince a de l'or en abondance, prononcez que ce pays est pauvre. Si vous en traversez un autre où les demeures sont commodes et proprement meublées, où la nourriture et les vêtemens des cultivateurs, des ouvriers, annoncent qu'ils gagnent facilement leur vie, ne vous informez pas si ce pays est riche : vous en avez la preuve sous les yeux.

Les richesses sont tous les biens matériels qui servent aux besoins des hommes. Un état est riche lorsque ces biens y sont très répandus.

Parmi les objets utiles, les uns servent immédiatement à nos besoins, tels sont les alimens, les habits, etc. Les autres ne contribuent à satisfaire nos besoins que d'une manière indirecte, tels sont les outils, la monnaie, etc.

Les métaux précieux sont une partie fort utile des richesses, mais ne sont pas les richesses, comme on l'a supposé long-temps. Si, pour enrichir un pays, il suffisait d'y verser de l'or, quelle terre eût été plus florissante que l'Espagne ? En vain, cependant, voyait-elle affluer dans ses ports les métaux que lui livrait l'Amérique ; en vain, pour les conserver, s'armait-elle de lois sanguinaires contre l'exportation ; la pauvreté de ses habitans déshonorait son sol fertile. Cette contrée malheureuse eût arraché vingt fois plus d'or à ses colonies, que sa situation n'eût point changé. Le prince, les gens de cour au-

raient eu plus de pièces de monnaie, ils auraient
pu tirer de l'étranger plus d'objets propres à satisfaire leurs caprices; mais la multitude ignorante et paresseuse, ne travaillant point, ne pro-
duisant rien, eût continué d'être nourrie par la
superstition et dévorée par la misère.

A ce tableau, opposons celui que M. de Hum-
boldt trace des colonies espagnoles que le travail anime. « Les sources principales de la richesse du Mexique, dit-il, ne sont pas les mines,
mais une agriculture sensiblement améliorée depuis la fin du dernier siècle..... La fondation
d'une ville suit immédiatement la découverte
d'une mine considérable. Si la mine est placée
sur le flanc aride ou sur la crête des Cordillières,
les nouveaux colons ne peuvent tirer que de loin
ce qu'il leur faut pour leur subsistance. Bientôt,
le besoin éveille l'industrie. On commence à labourer le sol dans les ravins, et sur les pointes
des montagnes voisines; partout le roc est cou-
vert de terreau. Des fermes s'établissent dans le
voisinage de la mine. La cherté des vivres, le
prix considérable auquel la concurrence des ache-

teurs maintient tous les produits de l'agriculture, dédommagent le cultivateur des privations auxquelles l'expose la vie pénible **des** montagnes. C'est ainsi que par le seul espoir du gain, par les motifs d'intérêt mutuel, qui sont les liens puissans de la société, et sans que le gouvernement se mêle de la colonisation, une mine, qui paraissait d'abord isolée au milieu de montagnes désertes et sauvages, se rattache en peu de temps aux terres anciennement labourées. Il y a plus encore, cette influence des mines sur le défrichement progressif du pays, est plus durable qu'elles ne le sont elles-mêmes. » *

Si l'on voit les principales richesses dans les objets qui servent à nourrir, à vêtir, à loger les hommes, on juge que le travail est nécessaire pour multiplier ces objets, que par conséquent il faut rendre les hommes plus intelligens, plus laborieux, et les laisser exercer librement leur industrie, afin que chacun d'eux soit excité par

* *Essai politique sur la Nouvelle-Espagne*, 2ᵉ édition, tome II, page 373.

l'espoir de recueillir le fruit de son activité. Si l'on pense, au contraire, que les richesses consistent uniquement dans les métaux précieux, on regarde d'abord la guerre, le pillage, comme un moyen rapide et sûr d'enrichir un pays. Lorsqu'ensuite on commence à sortir de la barbarie, l'oppression change d'objet; on s'efforce de soumettre l'industrie aux vues d'une administration inquiète qui voudrait toujours faire entrer du numéraire dans l'état, et n'en jamais laisser sortir. On gêne le travail par une foule de réglemens; tantôt on décourage des genres de production qui feraient vivre beaucoup d'hommes, mais qui paraissent moins propres que d'autres à solliciter l'or de l'étranger; tantôt on force les arts et le commerce à suivre des routes dont les éloigneraient l'intérêt privé et l'intérêt général, mais par lesquelles on espère arriver à s'emparer du numéraire des autres contrées. Ainsi s'est formé le système mercantile que nous voyons aujourd'hui s'affaiblir en Europe, mais qui s'y maintient encore, soutenu par deux causes puissantes : le préjugé, toujours lent à céder aux leçons de l'expérience; et la raison même qui, voyant les calamités qu'enfantent les brusques changemens, n'appelle que des améliorations successives.

Vers le milieu du siècle dernier, une nouvelle théorie de la richesse fut imaginée par Quesnay, et soutenue avec un zèle presque religieux, par les écrivains français désignés sous le nom d'*E-conomistes*. En peu de mots, voici leur opinion.

Les divers objets qui servent à nos besoins tirent leur origine de la terre; en elle seule réside un pouvoir créateur. Quand toutes les avances faites par le cultivateur, dans le cours de ses travaux, ont été remplacées par les récoltes, il reste un excédant de produits, un *produit net*. Cet excédant qui ne représente aucune avance, cet excédant, fruit du travail que fait la terre elle-même, est seul la richesse, car lui seul augmente le fonds que la société possédait. Les manufacturiers et les commerçans peuvent bien ajouter à la valeur des objets qu'ils façonnent ou transportent, mais cet accroissement de valeur représente ce qu'ils ont consommé, ou pu consommer, pendant la durée de leurs travaux ; il n'en résulte donc point une augmentation de richesses pour la société. Ainsi l'industrie manufacturière et commerciale, détruisant en même temps qu'elle travaille, doit être regardée comme stérile. L'industrie agricole est la seule productive, puisqu'elle seule fait naître un produit nouveau.

Cette subtile théorie ne peut soutenir un mûr examen. La terre n'est pas plus que l'homme douée d'un pouvoir créateur ; toute son active fécondité est impuissante à créer un atome. Pour savoir comment elle produit, choisissons un exemple. Ce cultivateur jette des grains de chenevis sur le sol qu'il vient de labourer ; la terre les transforme en tiges de chanvre ; elle ajoute ainsi à leur utilité, à nos richesses. Que font les hommes dont l'industrie s'exerce sur le chanvre ? Ils le soumettent à diverses transformations ; les uns le changent en fil, d'autres en toile ; et tous ajoutent à son utilité, à nos richesses. Sous le rapport que je considère, il y a plus que de l'analogie, il y a identité entre les opérations de l'homme et celles de la nature. Je n'en vois pas qui soient créatrices ; je vois une suite de transformations dont chacune rend l'objet qu'elle modifie plus propre à satisfaire nos besoins, et lui fait acquérir un nouveau degré dans l'ordre des richesses.

S'il est incontestable que tous les produits des arts tirent de la terre leur première origine, il est d'une égale évidence que le travail de l'homme ajoute prodigieusement au travail de la nature. Le chanvre, le lin seraient des végétaux sans valeur, si l'art ne savait les changer en fil, en tissus, en dentelles, et les approprier à nos goûts. Les plus précieuses denrées que la terre produise cessent d'être des richesses, lorsqu'elles surabondent et ne trouvent plus de besoins à satisfaire. Une puissance féconde, le commerce, vient leur rendre de l'utilité, les replacer parmi les richesses, en les transportant où de nouveaux besoins les appellent.

Mais, disent les économistes, la valeur que le manufacturier donne aux objets de son industrie représente la valeur qu'il a consommée en travaillant. Eh quoi ! ces prodiges d'industrie dont le prix élevé est dû presque entièrement à la main d'œuvre, ne seraient que l'équivalent des consommations du fabricant et de ses ouvriers ! Les économistes sont obligés de dire que la valeur produite par le manufacturier, représente celle qu'il a consommée ou *pu consommer*. Les hommes livrés à l'industrie, épargnent donc sur ce qu'ils pourraient consommer : alors, la valeur représentée et celle qui la représente, existent en même temps ; il y a donc accroissement de richesses par le fait des hommes industrieux. Si l'on s'arrêtait à cette idée , on n'apprécierait pas encore avec justesse les résultats de leurs travaux ; et nous verrons mieux, dans la suite de cet ouvrage , que les transformations opérées par les arts produisent des richesses aussi bien que les transformations opérées parla nature. *

---

* En combattant les ingénieuses erreurs des économistes, il faut rendre justice à ces hommes de bien, très éclairés pour l'époque où leurs écrits parurent. Les économistes ont attiré l'attention de l'Europe sur des sujets qui touchent au bonheur de la société; ils ont traité ces sujets avec l'amour le plus pur du bien public; ils ont éclairci d'importantes

Nous venons de jeter un coup-d'œil sur deux systèmes qui donnent des richesses une idée incomplète ; l'un, en les faisant consister dans les métaux précieux ; l'autre, dans le produit net de la terre : il est un système où le mot richesse est pris dans un sens trop étendu. Plusieurs écrivains * désignent par ce mot tout ce que l'homme peut desirer d'utile ou d'agréable. D'après leur théorie, les qualités de l'âme, la bienveillance, la générosité, l'héroïsme sont des richesses. Un système qui tend à confondre les biens intellectuels et moraux avec les objets les plus matériels , me semble moins ennoblir les seconds que dégrader les premiers. On parle d'une manière très intelligible sans doute, si l'on dit que la vertu est la plus desirable des richesses. Ces

questions, particulièrement celle de la liberté de l'industrie. Nous mettons trop en oubli les services qu'ils ont rendus. S'ils fussent nés en Angleterre, et Smith en France, les Anglais nous parleraient souvent de l'impulsion que ces auteurs ont donnée à la science qu'ils cultivaient, et des lumières que Smith a puisées dans leurs ouvrages.

* Lord Lauderdale, Garnier, etc.

mots sont justes parce qu'ils offrent un sens métaphorique ; mais, au sens propre, ils seraient absurdes. Les sages qui nous révèlent des moyens de bonheur, nous font découvrir les jouissances morales dans une sphère supérieure à celle des plaisirs physiques. C'est nuire à leurs nobles leçons que de porter la confusion dans le langage, et d'assimiler, au moins en apparence, les vertus aux richesses. Pense-t-on agrandir ainsi le domaine de l'économie politique, et lui donner plus d'éclat ? Cette science n'a pas besoin d'étendre ses limites ; une assez haute importance résulte pour elle de ce que les richesses, qu'elle enseigne à répandre, préviennent ou dissipent des souffrances, chassent les vices que la misère enfante, et sont d'utiles auxiliaires des biens plus précieux, avec lesquels il faudrait rougir de les confondre.

Parmi les opinions que je viens d'examiner, la plus simple et la plus vraie nous fait voir les richesses dans tous les biens matériels qui servent aux besoins des hommes.

~~~~~~

CHAPITRE III.

DE L'UTILITÉ, DE LA VALEUR ET DU PRIX.

———◦◦◦———

La propriété qu'une multitude d'objets ont de servir à nos besoins, se nomme *utilité.* Ceux de ces objets qui sont répandus en si grande abondance que chacun peut se les procurer, n'ont point de valeur. Tels sont l'air et la lumière. La *valeur* est une qualité des choses susceptibles d'être échangées. [*]

L'utilité peut exister sans la valeur, mais la valeur a pour base nécessaire l'utilité. On ne veut rien donner d'un objet inutile ; mais qu'une

* Ces notions me paraissent plus exactes et plus claires que celles de Smith sur *la valeur de pure utilité,* et sur *la valeur échangeable.*
~~~~~~

heureuse découverte révèle que ce même objet peut satisfaire des besoins naturels ou factices, il va peut-être acquérir une valeur prodigieuse. Une plante étrangère qui ne peut servir d'aliment, et dont la fleur n'a rien d'agréable, eût été connue des seuls botanistes. On apprend que sa feuille séchée, roulée en tube ou réduite en poudre, a des effets salutaires, que son parfum dissipe les ennuis, éveille les idées de l'homme studieux, et délasse l'ouvrier courbé sous de rudes travaux. En peu d'années, des multitudes de bras cultivent cette plante, et de nombreuses manufactures s'élèvent pour la préparer. Cette industrie nouvelle en fait naître d'autres : il y a des fabriques de pipes et de tabatières. Une foule de petits marchands doivent leur existence à ces produits variés ; de riches négocians font voguer au loin leurs navires qui rapportent des cargaisons de tabacs précieux ; et les gouvernemens établissent d'énormes impôts sur une plante long-temps inaperçue.

L'utilité n'est pas le seul principe de la valeur ; il faut trouver quelque obstacle à se procurer un objet utile, pour qu'on veuille donner un autre objet en échange. L'eau est si commune que nous ne la payons pas ; nous payons seulement le travail de celui qui nous l'apporte * : si cependant elle devient rare, il faudra l'acheter. Dans les montagnes de mon pays, durant les chaleurs de l'été, on vend quelquefois très cher l'eau des neiges, qu'on a pris soin de recueillir pendant l'hiver et le printemps. Il est des situations déplorables où les biens que la nature dispense avec le plus de libéralité, de-

---

* Condillac prétend que l'eau a toujours de la valeur. *Si je suis sur le bord de la rivière*, dit-il, *l'eau me coûte l'action de me baisser pour en prendre, action qui est un bien petit travail, j'en conviens, aussi l'eau n'a-t-elle alors que la plus petite valeur possible; mais elle vaut le travail que je fais pour me la procurer.* (*Du Commerce et du Gouvernement*, chap. 1.)

Les mots n'ont pas, dans cette phrase, leur sens exact, ou, si l'on veut, le sens qu'il convient de leur donner pour éclaircir la science. Le travail léger que je fais pour puiser de l'eau prouve bien qu'elle a de l'*utilité* ; mais si personne ne veut rien me donner en échange de cette eau que j'ai puisée, elle est sans *valeur*.

viennent très difficiles à se procurer ; alors ils peuvent être échangés, ils peuvent être vendus. Plus d'un infortuné, près de périr au fond d'un cachot infect, obscur, n'a-t-il pas, à prix d'or, acheté d'un avide geôlier, un peu d'air extérieur et de lumière du jour ?

L'utilité et la rareté sont les deux élémens de la valeur. Si le second paraît tenir lieu du premier, c'est une illusion. Les futilités qui brillent dans un riche magasin, les pierreries, les bijoux n'ont rien d'utile, dit-on, et, cependant, ils ont une grande valeur. L'utilité, telle que je l'ai définie, est la propriété que certains objets ont de satisfaire nos besoins. Des besoins factices peuvent égaler, surpasser même en intensité des besoins naturels. Une femme jeune, frivole, qui craint de voir, le lendemain, sa parure éclipsée dans une fête, dort peut-être d'un sommeil moins tranquille que la pauvre mère de famille heureuse d'avoir pu donner du pain à tous ses enfans, en retranchant de sa nourriture. La rareté excite, dans quelques personnes, un désir de possession : les objets qui font naître ce désir ont, par cela même, de l'utilité, puisqu'ils peuvent dissiper la souffrance légère ou vive, dont un besoin non satisfait est toujours accompagné. Les manufacturiers créent de l'utilité toutes les fois qu'ils produisent des choses qui se vendront ; et parmi celles dont ils rendent tributaires les besoins factices, il en est qu'on voit s'élever à une grande valeur, parce que, d'une part, elles ont exigé un travail difficile et très cher ; et que, de l'autre, elles sont offertes à des gens opulens que stimule dans leurs dépenses l'aiguillon de la vanité.

On remarque sans doute que le mot utilité n'a pas, en économie politique, le sens rigoureux qu'il reçoit en morale. Ces deux sciences paraissent donc opposées sur un point important ; mais l'observateur les voit bientôt se rapprocher et se réunir.

Lorsque ces sciences reposent sur des principes exacts, elles se prêtent un mutuel secours. La morale, effrayée des vices qui naissent de la misère, accorde une juste importance aux divers moyens de bannir ce fléau. Dans le nombre

des objets que l'industrie vend aux besoins factices, je n'en connais guère d'aussi futiles que
les dentelles ; et cependant un homme raisonnable peut considérer leur fabrication avec intérêt. Cette fabrication est une ressource pour
des milliers de femmes qui s'en occupent dans
les intervalles que leur laissent les soins du mé-
nage. Le salaire est bien modique ; et toutefois
il diminue la gêne de beaucoup de familles ; il
procure l'aisance à quelques autres. Les ouvriè-
res ont leurs métiers chez elles ; la mère instruit
sa fille, et la fait travailler sous ses yeux ; en
sorte que cette industrie est plus propre à conserver l'union des familles et les bonnes mœurs,
que telle autre industrie infiniment plus utile. La
morale ne proscrit point les travaux dont l'objet est frivole, mais qui contribuent à répandre
l'aisance et la sagesse dans la classe nombreuse :
en même temps, elle attache plus d'intérêt aux
travaux dont les produits, vraiment utiles, sa-
tisfont, non les desirs de la vanité, mais les besoins des hommes. Loin de contredire ces jugemens, l'économie politique démontre que les

genres de fabrication qui subviennent aux besoins véritables sont la source féconde de la prospérité d'un état, que par le nombre de bras qu'ils emploient, et par les richesses qu'ils versent en abondance, ils sont incomparablement supérieurs à ces petits genres d'industrie, dont les produits brillans sont destinés à peu d'individus. L'économie politique fait voir qu'un père, libre de choisir pour son fils un métier, doit préférer un de ceux que rendent nécessaires nos besoins réels. C'est avec ces métiers qu'on est le plus certain de trouver toujours à gagner sa vie. Des circonstances imprévues contraignent souvent les hommes à restreindre leurs dépenses. Une guerre, des troubles intérieurs jettent la société dans un état de crise; et si l'on réduit alors les dépenses nécessaires, que sera-ce des dépenses superflues? Sans qu'il arrive des calamités, l'influence changeante de la mode suffit pour rendre onéreuse demain une entreprise aujourd'hui lucrative. Il est évident que la fabrication et le commerce des objets utiles, dans l'acception rigoureuse de ce mot, sont les plus

assurés, les plus propres à garantir cette aisance,
cette sécurité de la famille, que doit avoir en vue
l'homme laborieux, instruit de ses vrais intérêts.
Ces observations font disparaître la contradiction
qui semblait exister, sur un point essentiel, entre
la morale et l'économie politique.

L'utilité et la rareté, ces deux conditions nécessaires de la valeur, ont des effets bien différens. L'une est avantageuse pour tous; l'autre est
généralement nuisible, puisqu'elle implique l'i-
dée de privation pour le grand nombre. Les
hommes sont d'accord sur la première; ils diffèrent, selon leurs positions, dans les jugemens
qu'ils portent sur la seconde. Ainsi, le manufacturier desire que les matières brutes soient communes, pour les avoir à bon compte, et que les
matières fabriquées soient rares, pour leur conserver beaucoup de valeur. Dans la suite de cet
ouvrage, nous verrons l'économie politique rejeter les petites considérations de l'intérêt particulier; nous la verrons s'occuper d'accroître l'u-
tilité, et de combattre la rareté.

Les idées générales que j'ai données sur la valeur ne font point connaître comment on l'apprécie avec une certaine exactitude, comment on parvient à déterminer le prix des choses. Le *prix*, c'est la valeur exprimée en numéraire.

Il semble, au premier aperçu, que l'évaluation des marchandises doive être fort arbitraire, qu'elle doive uniquement dépendre du besoin que tel a d'acheter et tel autre de vendre ; qu'en conséquence, à la même heure, dans le même marché, on verra, pour des objets de même espèce, payer des prix très différens. Il n'en est cependant pas ainsi : la valeur de chaque marchandise se trouve généralement fixée ; et, lorsqu'elle varie, la hausse ou la baisse est également déterminée d'une manière générale. Comment s'opère ce phénomène de l'évaluation uniforme?

La fabrication d'une marchandise exige des frais. L'entrepreneur achète des matières premières, paie des salaires, etc. Ces frais sont des avances dont la valeur passe dans l'objet manufacturé. Quand le producteur vend cet objet, s'il est remboursé de ses avances, et ne touche rien de plus, il vend au *prix de fabrication*. Cependant, il devait raisonnablement espérer un profit. Le montant des avances et ce juste bénéfice forment le *prix réel* d'une marchandise.

En supposant que les avances n'aient pas été trop considérables par la faute des producteurs, qui souvent ont de l'impéritie, de la négligence, etc., il serait à desirer que les produits se vendissent toujours à leur prix réel. Ni les vendeurs ni les acheteurs n'auraient à se plaindre, et les richesses se répandraient de la manière la plus favorable à l'aisance générale. Mais souvent on dit, et l'on s'exprime avec justesse, que telles marchandises viennent d'être vendues au-dessus ou au-dessous de leur valeur réelle. Il y a donc, pour les prix, un régulateur plus puissant que ceux dont je viens de parler.

Rarement l'acheteur s'inquiète-t-il des frais qu'exige la fabrication des objets qu'il marchande; et peut-être n'est-il pas moins rare que le vendeur se restreigne au plus juste bénéfice, s'il peut l'élever sans nuire à son commerce. Lorsque des marchandises sont offertes en abondance, et sont peu demandées, il est évident que les acheteurs sont maîtres de faire baisser les prix par les vendeurs empressés d'obtenir la préférence. Lorsque, au contraire, les demandes sont nombreuses, et les marchandises trop rares pour les satisfaire entièrement, les vendeurs sont, à leur tour, dans la situation avantageuse où l'on est maître du marché. C'est donc la balance de l'offre et de la demande qui règle le *prix courant*.

Après avoir reconnu ce fait incontestable, observons que la force des choses lutte sans cesse pour rapprocher le prix courant du prix réel. En effet, si la surabondance des marchandises fait trop baisser le prix courant, plusieurs manufacturiers cherchent un autre emploi de leur industrie et de leurs capitaux; d'autres restreignent leur fabrication; la quantité des produits diminue, et se réduit à-peu-près au niveau des demandes. Si au contraire le prix courant est très élevé, parce qu'il y a beaucoup d'acheteurs et peu de fabricans, la certitude de vendre encourage ceux-ci à produire davantage; l'espoir de partager leurs hauts bénéfices fait naître de nouveaux producteurs; la quantité des **marchandises** augmente, et l'effet de leur abondance est de les rapprocher du prix réel.

Tel est du moins le cours des choses dans les pays où la législation garantit à l'industrie les bienfaits de la liberté. C'est lorsque les gouvernemens établissent des monopoles, des corporations, des privilèges, que les prix de vente peuvent être long-temps maintenus à un taux fort différent du prix réel.

Aux bienfaits de la liberté, il faudrait unir ceux de l'instruction et de la morale, qui peuvent aussi contribuer à faire prévaloir le prix réel des choses. L'opinion flétrit un homme s'il abuse de l'ignorance ou du malheur d'un autre, soit pour lui vendre une marchandise à un prix excessif, soit pour la lui acheter à vil prix; mais combien d'abus moins graves, de friponneries moins criantes, excitent à peine des reproches et n'éveillent aucun scrupule! Tout ce qui répandrait la bonne foi, le desir de s'entr'aider, contribuerait à multiplier les richesses et les moyens d'en jouir.

CHAPITRE IV.

DE LA PRODUCTION.

Donner de l'utilité, de la valeur aux objets qui n'en ont pas, accroître l'utilité, la valeur de ceux qui en avaient déjà, c'est *produire*.

On produit, soit en changeant de forme les objets, soit en les changeant de lieu. L'industrie emploie le premier moyen lorsqu'elle fait croître du blé ou le broie sous la meule; elle emploie le second, lorsqu'elle transporte des grains d'un lieu où ils abondent, dans un autre où le besoin les rendra plus utiles.

C'était faute d'avoir une idée juste de la production que tant d'écrivains ont répété que le commerce ne produit rien, parce qu'il n'ajoute pas de nouveaux objets à la masse de ceux qui existaient avant ses opérations. Le commerce, en

rapprochant de nos besoins une foule de marchandises, ajoute à leur utilité, à leur valeur : il
produit. Ces idées, qui d'abord paraissent être
de pure théorie, ne sont point dénuées d'importance pratique. Une erreur des économistes pouvait avoir, sur la manière d'établir l'impôt, une
influence désastreuse.

L'industrie ne produit qu'autant que ses efforts
sont dirigés avec une habile sagesse. Fabriquer
n'est pas toujours produire ; et même, en fabriquant, on peut détruire. Par exemple, on im-
prime un livre : le papier est beau, le caractère
net, le tirage soigné ; mais les ouvrages d'esprit
vivent par des qualités que l'industrie ne peut
suppléer. Si le livre est dépourvu de ces qualités, vainement l'imprimeur a-t-il bien fabriqué ;
il a détruit de la valeur. La rame de papier, qui
valait quinze francs, lorsqu'elle était blanche,
n'en vaut plus que six. Le travail de l'entrepreneur et de ses ouvriers, l'emploi d'un capital
sont perdus ; il en résulte une destruction réelle,
qu'on peut évaluer par ce qu'auraient produit
ce travail et ce capital utilement employés.

Le commerçant détruit de même lorsque, abusé par des renseignemens inexacts, sans doute pris avec légèreté, il fait passer des marchandises d'un lieu où elles avaient de la valeur, dans un autre où elles en ont moins. Si leur prix reste le même, ses frais et son travail sont encore perdus. S'il est vrai qu'un négociant de Londres ait expédié une cargaison de patins pour un pays où la glace est inconnue, ce négociant est un homme habile à détruire de la valeur.

Il y a, pour l'industrie ignorante ou imprudente, bien des manières d'anéantir de la valeur. Je ne sais si je les passerai toutes en revue, mais voici les principales. Au lieu de produire, on détruit en travaillant : 1° si les matières premières n'ont pas les qualités nécessaires, puisqu'on perdra, en totalité ou en partie, le prix d'achat et celui de la façon; 2° si les matières premières sont bonnes, mais que la fabrication soit mauvaise : elle est mauvaise d'une manière absolue, quand l'ouvrage ne peut servir à rien, et d'une manière relative, quand l'ouvrage, bien fait en

lui-même, n'est pas du goût des consommateurs;
3° si les frais de fabrication ou de transport sont
trop élevés pour qu'on puisse soutenir la concurrence; 4° si les marchandises qu'on voulait
vendre se trouvent surabondantes, soit parce
que les besoins sont déjà satisfaits, soit, comme
il arrive plus souvent, parce que les hommes
auxquels on les présente ne sont point en état
de les acheter.

Il est rare que la destruction de valeur soit to-
tale; quelque utilité résulte presque toujours du
travail. On ne jette pas des marchandises qui
surabondent, ou dont les frais ont été trop cou-
teux pour qu'on puisse en être remboursé; plutôt que de perdre tout, on vend à vil prix, et
quelques gens profitent de ce qui fait la déso-
lation de l'entrepreneur. On aurait tort cependant de prétendre qu'il y a compensation, que
les uns gagnent ce que les autres perdent. Le
gain est léger d'un côté, la perte est considérable de l'autre. Les travaux dirigés avec sagesse
sont les seuls qui fondent la prospérité publique;
et c'est s'abuser étrangement que de vouloir ex-

cuser l'imprudence ou la dissipation, en montrant les avantages qu'en recueillent quelques
personnes : de tels avantages prouvent seulement
qu'un mal n'est jamais absolu. Quand les fausses
spéculations deviennent générales, bientôt de
nombreux ateliers sont fermés, la plupart des
branches de commerce languissent, la société manque de travail et de produits. Comment des maux
si graves seraient-ils compensés par les avantages
que peuvent offrir quelques encans à bas prix ?

Les vérités précédentes sont de tous les temps ;
je les crois plus que jamais utiles à présenter
aujourd'hui qu'une forte impulsion est donnée
aux esprits, et que le défaut d'un grand nombre
d'hommes est une aveugle confiance en eux-
mêmes. L'impulsion dont je parle est précieuse ;
mais, pour qu'elle soit durable et toujours plus
féconde, il faut que les lumières la dirigent. C'est
surtout quand de nombreux navires sont lancés
sur les mers, qu'il importe d'allumer les fanaux.

L'économie politique ne traite point des connaissances spéciales qu'exigent les divers travaux
de l'industrie ; mais elle dit aux hommes disposés

à former des entreprises que ce n'est point avec de l'imagination et de la vanité qu'on réussit, qu'ils doivent d'abord se livrer à des études positives, pour acquérir sur les choses et sur les hommes les connaissances sans lesquelles ils hasarderaient leur fortune et leur honneur.

A ces connaissances, les hommes industrieux doivent unir de sages principes de conduite. Je ne viens point leur prêcher une morale désintéressée. J'écoute avec impatience ces oisifs qui, s'ils voient un manufacturier créer un établissement utile, disent aussitôt : Ce n'est pas pour le public, c'est pour lui qu'il fait cette entreprise. Eh! sans doute, c'est pour lui : un établissement d'industrie doit rapporter des bénéfices à celui qui le fonde ; rien n'est plus nécessaire, et rien n'est plus juste. Cependant, c'est aussi pour la société que cet homme intelligent et laborieux travaille ; les deux intérêts s'unissent ; le second vient ennoblir le premier ; et plus d'une fois, il a seul dirigé de vrais négocians. La morale ne blâmera jamais qu'on veuille recueillir le fruit de ses travaux ; mais, ce qu'elle réprouve, c'est la cupidité, c'est cette ardeur de s'enrichir en quelques mois, qui fait entreprendre à tant de gens au-delà de leurs forces, et les jette dans la misère et l'opprobre; tandis que la modération pouvait, avec le temps, leur assurer une opulence honorable. La morale voudrait éteindre aussi ce fatal amour-propre qu'on voit chaque jour entraîner des commerçans, soit à des spéculations téméraires, soit à de folles dépenses d'ostentation. La soif du gain ruine beaucoup de gens, mais la vanité fait peut-être encore plus de victimes.

Quand l'homme laborieux a des connaissances positives et des principes sages, qu'il se livre à son activité, il produira. Si les circonstances deviennent peu favorables, ce n'est pas en restant oisif qu'on pourrait les améliorer et changer sa position. Il faut parvenir à fabriquer mieux ou à plus bas prix; il faut s'ouvrir de nouveaux débouchés, ou tenter d'autres genres de travaux. Plus il y a d'obstacles, plus l'activité doit se montrer persévérante et devenir ingénieuse.

Plusieurs écrivains reprochent à M. Say d'avoir dit qu'*on ne peut trop produire*. Eh quoi! pourrait-on créer trop d'utilité, de valeur? Ces écrivains ont des idées confuses sur la production; ils ont cru que M. Say disait qu'*on ne peut trop fabriquer*. Tout observateur s'aperçoit aisément qu'on peut fabriquer trop de telle ou telle marchandise, ou bien en diriger trop vers tel ou tel marché. C'est pour prévenir ces travaux stériles et même destructeurs que les études spéciales sont si nécessaires. Mais la production, j'attache à ce mot un sens exact, la production ne saurait devenir trop abondante. Dire : craignez de trop produire, c'est dire à des marchands : prenez garde de trop vendre.

Un des plus éminens services rendus par M. Say à l'économie politique, un de ceux qui lui feront un éternel honneur, est d'avoir porté au plus haut degré d'évidence cette vérité fondamentale : *les produits ne s'achètent qu'avec des produits*. Nous voulons répandre l'aisance, nous voulons enseigner aux hommes à se procurer les biens qui leur sont utiles ou agréables; un des premiers principes à leur démontrer, c'est qu'on ne peut acheter des produits qu'en ayant d'autres produits à donner en échange.

Cette vérité, qui doit jeter une vive lumière sur les intérêts matériels de la société, est cependant obscure au premier coup-d'œil. Habitués que nous sommes à voir l'argent figurer dans la plupart des échanges, il nous semble qu'on se laisse séduire par une idée subtile en disant que les produits s'achètent avec des produits. La première réponse qui s'offre à notre esprit, c'est que les hommes qui consomment le plus sont, en général, des hommes qui ne produisent rien.

Je vous suppose, lecteur, vivant dans un heureux loisir, du seul revenu de vos domaines. Vous ne produisez point ; mais d'autres produisent pour vous. Qu'est-ce en effet que votre revenu ? C'est une part des produits que les cultivateurs de vos terres on fait naître. Vous pouviez recevoir cette part en nature : vous avez trouvé plus commode qu'elle fût convertie en numéraire ; mais les pièces de monnaie qui servent à vos dépenses représentent les denrées contre lesquelles vos fermiers les échangèrent ; et c'est réellement avec ces denrées que vous payez les diverses marchandises qu'il vous convient d'acheter. Êtes-vous un de ces riches capitalistes qui vivent de la rente des sommes qu'ils ont prêtées? Si vos fonds se trouvent dans les mains d'un entrepreneur d'industrie, les intérêts qu'il vous compte sont une partie des objets qu'il a fabriqués et vendus. Si vous avez pour emprunteur un oisif, il ne vous paiera pas, ou il prendra sur des produits, par exemple sur le loyer de ses fermes. L'argent même est un produit pour le possesseur d'une mine ; et lorsqu'on n'est pas propriétaire de mines, comment se le procurer, sinon en donnant d'autres produits en échange? Les toiles, les draps, les vins d'Europe achètent les métaux d'Amérique.

« Il n'est pas du tout vrai, dit M. Malthus, que des produits soient toujours échangés contre d'autres produits. La plus grande partie des produits s'échange contre du travail. » *

---

* *Principes d'économie politique*, tome II, page 26 de la traduction française.

On n'achète pas le travail pour le travail même, on l'achète pour les résultats qu'on veut en obtenir. Le pauvre ouvrier qui sollicite de l'emploi s'exprimerait très exactement s'il disait : Je n'ai pas de produits à vous offrir en échange de ceux dont j'ai besoin pour vivre ; mais je travaillerai de manière à créer pour vous des produits qui surpasseront en valeur ceux que je vous demande. Les ouvriers donnent leur travail, les entrepreneurs leur donnent de l'argent ; ce travail et cet argent sont des intermédiaires qui font arriver les hommes aux produits qu'ils desirent.

M. de Sismondi pense que le revenu est tout-à-fait distinct de la production, et que les produits s'achètent, non avec des produits, mais avec du revenu *. L'analyse prouve que les revenus font partie de la production, qu'ils naissent tous de cette source commune, quelle que soit la manière dont se déguise leur origine. Les appointemens des fonctionnaires pu-

---

* *Nouveaux principes d'économie politique*, tome 1, p. 106 et suiv.

blics sont pris sur les contributions, qui ne sont autre chose que des produits donnés par chaque particulier pour subvenir aux dépenses générales. Les honoraires des médecins et des avocats, les gains des acteurs, des musiciens, etc., sont également une part de nos produits convertis en argent.

Mais, dira-t-on, sans doute, la manière dont le magistrat, le médecin, l'avocat, etc., obtiennent un revenu, dément votre principe : ces hommes voués aux seuls travaux de l'intelligence, n'ont pas d'industrie qui leur crée des produits; ils ne peuvent donc en échanger contre les nôtres. Assurément ceux qu'ils nous offrent ne sont pas de même nature que ceux des cultivateurs et des fabricans; mais leurs nobles méditations en font naître de précieux. Tous nos besoins ne sont pas matériels; il en est de même des produits. Les travaux des hommes qui veillent au bien public, et ceux des gens qui contribuent à nos plaisirs, donnent des produits immatériels. Ces travaux nous étant nécessaires ou agréables, et les hommes auxquels nous les devons ayant des besoins physiques, les produits immatériels s'échangent contre des produits matériels.

Vainement épuiserait-on les combinaisons : pour acquérir des produits, il faut en avoir d'autres à donner en échange. C'est ce que le bon sens, qui n'est même, dans ce cas, qu'un véritable instinct, apprend à tous les hommes pressés par la misère de trouver des moyens d'existence. A moins qu'ils ne se fassent mendians ou voleurs, ils cherchent comment ils pourraient créer quelques produits matériels ou immatériels, pour les échanger et pour vivre. Ce que le bon sens révèle aux êtres les plus ignorans, les hautes méditations sur l'économie politique ne font que le développer et l'étendre à toutes ses conséquences.

Il y a dans la production une puissance qui excite à produire. La vue des ouvrages de l'industrie, des objets propres à satisfaire des besoins naturels ou factices, éveille les desirs, et rend les hommes ingénieux à trouver les moyens de se procurer ces objets. Si les denrées, par exemple, sont plus abondantes qu'autrefois en Europe, une grande cause de cette amélioration, c'est qu'il se fabrique plus de draps, de toiles, de bijoux, etc. On a redoublé d'efforts et multiplié les produits de la terre, afin d'obtenir en échange ces objets qui faisaient sentir l'aiguillon de nouveaux besoins. A mesure que l'industrie recevra d'heureux développemens, les échanges deviendront plus nombreux, et répandront l'aisance. Plus il naîtra de produits variés sur les différens points du globe, moins il y aura de souffrances causées par des besoins non satisfaits.

On n'a déjà que trop fabriqué, disent MM. Malthus et de Sismondi! Des marchandises anglaises restent invendues en Italie, au Brésil, et des étoffes ont été laissées au Kamschatka, au-dessous du prix que leur fabrication coûtait à Londres!

Les faits très réels et très fâcheux que citent ces écrivains confirment tous les principes énoncés dans ce chapitre. D'abord, ils prouvent qu'en fabriquant on peut détruire, ils prouvent la nécessité où sont les entrepreneurs d'acquérir toutes les connaissances qui doivent les guider. Le pouvoir de fabriquer dans tel pays ne donne pas le pouvoir de faire produire dans tel autre. Les négocians de la Grande-Bretagne auraient dû mieux connaître la situation de contrées lointaines, dont ils ne pouvaient rendre les habitans plus industrieux et plus riches.

Ensuite, des milliers de spéculateurs ignorans ou imprudens feraient fabriquer trop de telles marchandises, en transporteraient trop dans tels pays, leurs fautes ne prouveraient rien contre cette vérité qu'il est à desirer que les produits se multiplient. Ces fautes, au contraire, serviraient à démontrer que les produits ne s'achètent qu'avec des produits. Si les habitans du Kamschatka, du Brésil, de l'Italie étaient plus industrieux, ils acheteraient les marchandises de la Grande - Bretagne, car ils en auraient les moyens. Lorsqu'on ne parvient pas à vendre des marchandises bien confectionnées et à bas prix, c'est parce que les hommes auxquels on les présente n'en ont pas besoin, ou parce qu'ils ne

sont pas en état de les payer. La seconde hypothèse est la plus probable. Hélas! les besoins
sont nombreux ; mais, pour les apaiser, on
manque d'objets à donner en échange de ceux
qu'on voudrait obtenir. L'encombrement d'une
marchandise n'est en général que le résultat du défaut de production d'autres marchandises. Je dis en général, parce que deux
peuples que leurs fabrications mettraient en
état de s'enrichir mutuellement peuvent voir
leur commerce gêné ou même anéanti par les
obstacles dont le fisc hérisse leurs frontières.

Les conséquences de la théorie sur laquelle
je viens de jeter un coup-d'œil sont d'une extrême importance. Cette théorie démontre que
le genre humain ne peut atteindre au degré de
richesse dont il est appelé à jouir que lorsque
l'industrie, favorisée chez tous les peuples par
la paix et par la liberté, fera naître de toutes
parts des produits abondans et variés. Jamais
les amis de l'humanité ne doivent se départir
des vérités que nous venons de reconnaître. Ce
sont elles qui commencent à changer une diplo-

matie tracassière en politique généreuse, et qui
finiront par amener les hommes d'état à seconder la grande loi de la solidarité des peuples,
établie par la justice éternelle.

CHAPITRE V.

DU TRAVAIL.

L'ÉTUDE de l'économie politique peut dessé-
cher les esprits étroits, et ne leur laisser voir
sur la terre que des marchandises, des ventes
et des profits; mais cette étude sera toujours
pour les esprits doués de quelque étendue,
une source de nobles méditations sur les moyens
d'améliorer le sort des hommes et sur les bienfaits de l'éternel auteur des choses.

Lorsqu'on examine quels sont les agens de la
production , on reconnaît que la nature et
l'homme concourent à faire naître les richesses.
Toutes les substances minérales, végétales, ani-
males, sur lesquelles s'exerce notre industrie, sont
les produits d'un travail occulte, mystérieux, que
nous n'aurons jamais le pouvoir de suppléer. Ces

grains que sème le laboureur sont nés de la terre; et lorsqu'ils lui sont rendus, le sol, l'eau, l'air, la chaleur, la lumière, travaillent de nouveau pour féconder ces germes qui se développent ou périssent au gré d'une puissance supérieure à la nôtre.

Sans exagérer la part de l'homme à la production des richesses, cette part est immense. Les grandes forces physiques sont hors de lui, mais une force intelligente est en lui. Avec elle, souvent il domine et dirige les premières. Dans des lieux où la nature offrait des végétaux sans valeur, il contraint le sol à lui préparer d'abondantes récoltes. L'air qui passe sur ces collines, l'eau qui tombe de ces rochers, se perdaient inutiles; l'industrie leur présente des machines; et l'eau, l'air, dociles ouvriers, leur impriment le mouvement. Le feu même, dompté, laisse obéir à nos arts ses forces redoutables.

L'influence féconde que le travail de l'homme exerce sur la nature fait penser à Smith que ce travail est le seul agent de la production des richesses. Toutefois, il est impossible qu'un si judicieux observateur ait méconnu des vérités frappantes d'évidence. L'homme peut se considérer, au milieu des agens de la nature, comme un chef que de nombreux ouvriers environnent, dans un immense atelier; mais quels résultats obtiendrait-il sans leur secours? Si, tout-à-coup, les agens naturels étaient privés de leur activité par la main qui la leur a donnée, que deviendrait l'homme, alors même qu'il conserverait son intelligence et sa force? Quel effroi le glacerait en voyant l'immobilité des machines qu'inventa son génie! Avec quelle stupeur il attacherait ses regards sur une terre morte, que ne pourraient plus ranimer ses travaux!

L'homme ne peut rien sans le concours des agens naturels; mais il opère des prodiges en les dirigeant, en leur communiquant pour ainsi dire son intelligence. On voit ses forces ingénieuses produire une multitude d'ouvrages, que les forces aveugles de la nature n'auraient jamais créés.

La classe dont les travaux produisent les richesses est la plus nombreuse, la plus active;

c'est elle qui donne à la société ce mouvement, cette vie extérieure, dont on est si frappé quand on visite un pays peuplé d'hommes industrieux.

Les uns labourent les plaines, ou cultivent la vigne sur le flanc des collines, ou portent la hache dans les forêts, au sommet des montagnes; d'autres s'enfoncent dans les entrailles de la terre, pour exploiter les mines et les carrières; d'autres trouvent leur existence dans la pêche, si paisible au bord des ruisseaux et des fleuves, si hasardeuse sur les mers; d'autres rapportent de leurs chasses le gibier et les pelleteries. Tous ces travaux se réunissent sous le nom d'*industrie agricole*.

Des hommes, non moins laborieux, façonnent les matières brutes pour les approprier aux divers usages que réclament nos besoins, nos goûts et nos caprices. Les ouvrages travaillés dans une fabrique passent successivement dans plusieurs autres; et, dans chacune d'elles, redeviennent matières premières. Les moyens de produire sont aussi variés que les produits: là, on

fait mouvoir ces machines dont la force surpasse
immensément les forces humaines; ici, on use de
procédés minutieux avec une ingénieuse adresse.
Nos alimens, nos habitations, nos meubles, nos
vêtemens, nos parures occupent non-seulement
les bras d'une multitude d'ouvriers, mais encore
l'esprit de beaucoup de gens habiles à trouver
des préparations, des formes nouvelles, pour satisfaire nos goûts et réveiller nos desirs. L'*industrie manufacturière* s'exerce sur des objets
si nombreux et si variés que je fatiguerais le lecteur si j'indiquais les principaux genres de fabriques et de métiers qu'elle embrasse.

Enfin, des hommes voués à l'*industrie commerciale* transportent les produits où les besoins des consommateurs les appellent : ils vendent en détail, en gros, dans l'intérieur, à l'extérieur; ils font parvenir les marchandises d'un
pays étranger à d'autres contrées étrangères.
Source du plus grand mouvement social, cette
industrie occupe une foule d'agens, depuis le
roulier qui conduit de lourds transports, jusqu'au banquier dont la signature facilite, dans

les deux mondes, les paiemens du commerce et même ceux des gouvernemens.

Telle est la division de l'industrie en trois branches principales. Les lois ne doivent jamais régler la division du travail; ce serait priver beaucoup d'hommes des moyens d'existence qu'ils ont ou qu'ils peuvent se former, ce serait imposer une gêne funeste à la distribution, ainsi qu'à la production des richesses. Les divisions utiles s'établissent d'elles-mêmes. Si, dans une peuplade, chaque individu tente de pourvoir seul à ses besoins, la misère de tous est extrême. Mais, à l'instant où ces hommes s'aperçoivent que chacun d'eux pourrait travailler exclusivement à produire un des genres d'objets qui leur sont nécessaires, et se procurer les autres par des échanges, les progrès de la civilisation commencent. Chaque individu gagne le temps qu'il perdait à passer d'une occupation à une autre, et bientôt acquiert la dextérité que donne l'habitude des mêmes mouvemens. A mesure que l'industrie se développe, la division se subdivise, les subdivisions se divisent encore, et finissent

par être portées à tel point que, dans plusieurs
fabriques, par exemple dans celles d'épingles
ou de cartes à jouer, un objet de la plus mince
valeur est le résultat du travail de vingt ou trente
ouvriers, dont chacun a produit rapidement une
seule partie de cet objet.

L'abondance, la perfection et le bas prix d'un
grand nombre d'ouvrages sont dus à la division
du travail, qu'il faut regarder comme une des
causes les plus puissantes de l'accroissement des
richesses, et de l'aisance dont jouissent les peuples civilisés. Cependant, elle excite les inquié-
tudes et les plaintes d'observateurs chagrins. L'ouvrier, disent-ils, est réduit à une opération
tellement simple que l'intelligence n'est plus nécessaire pour l'exécuter; l'ouvrier devient une
machine vivante, et les merveilles de l'industrie
s'achètent par la dégradation de l'homme.

On peut à ces idées opposer un fait incontestable. Depuis que l'industrie se perfectionne
en Europe, on a vu s'accroître à-la-fois la division du travail et le développement de l'intelligence, dans les classes inférieures de la société.

Ainsi les effets nuisibles de cette division sont compensés, et au-delà, par l'influence qu'exercent, sur les facultés intellectuelles des peuples, l'aisance plus répandue et le mouvement d'idées qui l'accompagne.

Je suis loin, cependant, de vouloir qu'on ferme les yeux sur les dangereux effets que des travaux purement mécaniques ont sur un certain nombre d'individus; je pense qu'il importe de s'attacher à combattre ces effets. La division du travail, au point où elle est portée maintenant, peut fournir un argument très solide pour prouver combien il est essentiel que l'instruction populaire soit très répandue, et que les cultes ne se réduisent pas à des pratiques machinales.

On aurait des idées fort incomplètes sur les travaux qui concourent à former les richesses, si l'on supposait qu'ils sont tous renfermés dans les trois genres d'industrie dont j'ai parlé. Il est des travaux d'un ordre supérieur, qui perfectionnent et multiplient les moyens de créer des richesses. A ces mots, la pensée du lecteur se dirige vers les savantes recherches en mécanique, en chimie, en physique, vers les hautes méditations auxquelles nous devons tant de perfectionnemens dans les arts usuels, dans les exploitations agricoles et manufacturières. Il y a quarante ans, lorsqu'on parlait aux fabricans des améliorations qu'un savant leur conseillait d'introduire dans leurs ateliers, ils montraient de l'incrédulité et même du dédain. Aujourd'hui, lorsqu'un savant visite une manufacture, il est reçu avec respect, consulté avec empressement, écouté avec confiance. Un tel changement doit avoir des résultats incalculables.

D'autres genres de travaux influent, d'une manière indirecte mais puissante, sur l'accroissement des richesses. Les magistrats qui font régner l'ordre dans l'état, les militaires qui le garantissent des attaques de l'ennemi, rendent aux arts des services qu'on pourrait évaluer en calculant les pertes commerciales qui sont inévitables au milieu des troubles civils et des invasions étrangères.

Les occupations des ministres des cultes, des instituteurs, des écrivains amis de l'humanité, contribuent à faire naître l'aisance. En ne considérant que les richesses, les nations auraient encore un grand intérêt à propager la morale, qui rend les hommes plus intelligens et plus laborieux, plus disposés à s'entr'aider, et plus fidèles à leurs engagemens.

Les produits immatériels et les produits matériels, si différens par leur nature, ont entre eux des rapports multipliés. Un père donne des produits matériels pour qu'on enrichisse son fils d'utiles connaissances; et peut-être un jour ce fils offrira-t-il à l'industrie des secours nouveaux, par les produits immatériels de sa pensée. Les producteurs de richesses doivent un hommage aux purs travaux de l'intelligence. Tout ce qui peut éclairer les esprits, adoucir les mœurs, exerce une influence heureuse sur les moyens de perfectionner les arts, et d'appeler un plus grand nombre d'êtres à jouir de leurs bienfaits.

CHAPITRE VI.

DE L'ÉPARGNE ET DES CAPITAUX.

Un troisième agent est essentiel pour produire. Cet agent est l'épargne qui fournit au travail les instrumens sans lesquels son activité ne pourrait se déployer.

Il y a plusieurs sortes d'épargnes. Celle de l'avare qui enfouit son argent n'est du ressort d'aucune science; l'épargne faite pour subvenir aux besoins de la famille appartient à l'économie domestique; l'épargne qui concourt à développer l'industrie, en créant des capitaux, est celle dont s'occupe spécialement l'économie politique.

Il faut concevoir nettement ce que c'est qu'un capital. Tous les auteurs n'attachent pas le même sens à ce mot : selon les uns, les capitaux sont des sommes d'argent ; selon les autres, ils se composent non-seulement des sommes qui servent ou peuvent servir aux entreprises d'industrie, mais encore de tous les objets, tels que bâtimens, outils, etc., qui sont destinés à créer de nouvelles richesses. Les premiers emploient le langage vulgaire ; les autres parlent une langue scientifique, dont l'exactitude est facile à prouver.

Une somme d'argent est un capital très commode, puisque le possesseur l'échange, pour ainsi dire à volonté, contre les objets qui lui conviennent. Mais, les capitaux en numéraire ne sont qu'une partie très faible de ceux qu'emploie l'industrie. Par exemple, cent mille francs passent successivement dans les mains de sept ou huit entrepreneurs, qui tous font exécuter des constructions, des machines, etc. En supposant que cette somme continue de rester dans le commerce, elle ne sera toujours qu'un capital de cent mille francs ; et il existera pour sept ou huit cent mille francs d'autres capitaux. Si l'on conçoit différemment ce sujet, on n'aura pas

une idée juste des richesses que l'industrie ac-
cumule pour en créer de nouvelles. La seule
portion de nos capitaux agricoles, qui consiste
en bestiaux, était évaluée, en 1812, à plus d'un
milliard et demi * : or, je doute que la France ait
deux milliards monnayés ; encore verrons-nous
qu'il ne faut pas confondre les capitaux en argent avec la totalité du numéraire qui se trouve
dans l'état.

L'homme qui veut former une entreprise
d'industrie a dans les mains une somme qui lui
appartient ou qu'il a empruntée, et dont il se
sert pour acquérir les divers objets nécessaires
à ses travaux. Cette somme est un capital, mais
elle n'est, pour ainsi dire, qu'un capital intermédiaire, qu'il faut promptement échanger contre
des capitaux d'une utilité plus directe.

Un jeune ouvrier n'a d'abord pour exister que
sa seule industrie : il concourt à la production,
il a part aux produits. S'il dissipe la totalité des
salaires qu'il reçoit, sa position ne peut s'amé-

* *De l'Industrie française*, par M. le comte Chaptal, t. 1,
page 223.

liorer. S'il est intelligent et d'une bonne conduite, il économise; il se procure des outils, des
matières premières, et ces avances le mettent en
état de travailler pour son compte. Alors, il
gagne davantage; il fait de plus grosses épargnes qui finissent par lui donner les moyens
de louer un atelier, d'avoir des ouvriers, de leur
fournir des matières brutes, des outils, et de
leur payer des salaires. Nous venons de voir un
capital se former et s'accroître ; les capitaux sont
des produits épargnés.

Selon les genres d'industrie, il y a des capitaux
très minces, il y en a d'énormes. L'instrument
de fer que le petit savoyard emploie pour net-
toyer les cheminées, ses genouillères en cuir, le
sac dans lequel il emporte la suie, quelques
pièces de monnaie pour subsister jusqu'à ce
qu'il obtienne un salaire, voilà tout le capital du
pauvre enfant qui sort des montagnes de la
Savoie pour aller au loin gagner sa vie. Nous
voyons le besoin d'avances s'étendre, s'agrandir,
à mesure que nous dirigeons nos regards vers
des genres d'industrie plus importans. Combien

de vastes constructions, d'outils variés, de machines puissantes sont nécessaires pour tirer le minerai de la terre, pour le changer en fonte, pour transformer la fonte en fer et le fer en acier! Que les capitaux soient faibles ou considérables, ils sont toujours de même nature ; ce sont toujours des produits épargnés.

Le lecteur doit commencer à juger de quelle utilité les capitaux sont à l'industrie. C'est un fait remarquable que des produits sont nécessaires pour créer des produits. Assemblez des ouvriers sur un sol qui recèle une mine abondante ; s'ils manquent des instrumens d'exploitation, leurs efforts seront nuls. Supposons l'Europe dépouillée tout-à-coup des produits accumulés qui forment ses immenses capitaux, son industrie sera frappée de mort. Sans doute ses habitans, puisqu'ils conserveraient leur intelligence et leur force, finiraient par recouvrer les ressources perdues; mais, dans quelle longue misère ils végéteraient! Ils n'auraient d'abord que leurs mains pour se fabriquer de grossiers outils; ils recueilleraient péniblement les produits spontanés de la terre , pour essayer de les multiplier ou de les façonner. Privé des avances nécessaires au travail, le genre humain retournerait aux jours de son enfance.

On a formé soi-même les capitaux qu'on emploie, ou on les a reçus de ses pères, ou on les a empruntés ; mais toujours il faut qu'un entrepreneur, grâce à ses épargnes ou à celles d'autrui, possède les avances qu'exigent ses travaux.

Dans une entreprise d'industrie, les capitaux sont les bâtimens d'exploitation, les outils, les machines *, les matières brutes, le numéraire que demandent les paiemens courans, enfin, les matières fabriquées non encore vendues.

Les bâtimens, les outils, les machines s'usent avec lenteur, et forment ce qu'on nomme le *capital fixe*. Les matières brutes, l'argent destiné aux salaires, aux achats, disparaissent avec rapidité, et même ne peuvent donner un profit sans sortir des mains de l'entrepreneur : ces avances sont, avec les marchandises non vendues, ce qu'on appelle le *capital circulant*.

* Quelquefois des animaux.

Sous le point de vue que nous considérons, tous les genres d'industrie se ressemblent. L'agriculture, de même que les fabriques, a des capitaux fixes et des capitaux circulans. La plus grande partie des capitaux du commerce sont de la seconde espèce, puisqu'ils consistent en marchandises; cependant le commerce aussi a des capitaux fixes; il a ses magasins, ses navires, ses chariots, ses chevaux, etc.

Le capital change continuellement de forme, soit avec lenteur, soit avec rapidité. Les matières premières, par exemple, deviennent objets manufacturés, puis, argent monnayé ou lettres de change, puis, redeviennent matières brutes, pour éprouver encore les mêmes métamorphoses.

La portion des capitaux absorbée par la fabrication doit se retrouver dans les ouvrages fabriqués; autrement, ces ouvrages onéreux coûteraient plus qu'ils ne vaudraient. Quand les produits sont vendus, si l'entrepreneur dissipe la totalité de leur prix, il se ruine : une partie de son capital fixe est tout ce qui lui reste; il a tari la source d'une production nouvelle. S'il remplace ses capitaux avec une partie du prix de la vente, et qu'il emploie à son usage, à ses plaisirs, l'autre partie qui constitue son revenu, il n'est ni plus riche ni plus pauvre qu'en commençant; il peut continuer de travailler et de vivre. S'il épargne sur son revenu pour grossir ses capitaux, il s'enrichit; et le développement progressif de l'industrie qu'il dirige atteste sa sagesse, ainsi que son activité.

Les observations suivantes acheveront de jeter quelque lumière sur les fonctions des capitaux. Étendons nos regards plus que nous ne l'avons fait encore. Tous les produits matériels que possèdent les hommes, peuvent se diviser en trois classes : *capitaux, fonds de consommation, revenus.* Examinons rapidement chacune de ces classes.

Tous les *capitaux* sont des produits amassés par l'épargne; mais il n'ont pas tous la même destination. Ceux qui servent à créer de nouveaux produits sont les plus utiles pour la société. D'autres rapportent seulement un revenu à leurs possesseurs. Une somme qu'on prête est un capital, bien qu'elle ne soit employée à produire de nouvelles richesses ni par le prêteur qui veut vivre avec les intérêts, ni par l'emprunteur qui fait des acquisitions frivoles. L'exemple suivant donnera des idées plus complètes. Une maison d'agrément, habitée par le propriétaire, fait partie du fonds de consommation. Si le propriétaire loue cette maison, elle devient un capital qui lui procure un revenu; s'il la transforme en manufacture, c'est un capital qui lui donne un revenu et qui multiplie les richesses de la société.

Les capitaux qui remplissent cette double destination sont les seuls vraiment *productifs;* on pourrait dire que les autres sont seulement *lucratifs.*

Enfin, il y a des capitaux *oisifs :* ce sont ceux dont les possesseurs ne font pas usage, par l'effet ou des circonstances ou de leur volonté. Les scellés sont sur des ateliers; voilà des capitaux momentanément oisifs. Il y en a toujours en stagnation par suite des désordres qu'enfantent l'ignorance, l'irréflexion, la cupidité, qui sont les trois grandes causes de ruine pour l'industrie. La volonté des possesseurs de capitaux en rend oisive une certaine quantité. L'avare enterre les siens; mais son ignoble aberration d'esprit est peu contagieuse, elle est sans influence sur les richesses de la société : elle doit être combattue par le moraliste plus que par l'économiste. Sans être avare, un homme opulent peut aimer à tenir une forte somme en réserve; elle lui procure de la sécurité. Beaucoup de personnes, déterminées par le même avantage, conservent aussi des sommes proportionnées à leur fortune. Il est bien difficile que la prévoyance des particuliers soit préjudiciable au public. En général, ces sommes sont trop faibles pour qu'on doive les considérer comme des capitaux enlevés à la circulation; elles servent bien plutôt, en s'accroissant par des épargnes successives, à former des capitaux qui circuleront un jour. Ajoutons que la plupart des hommes assez prudens pour économiser, ne laissent pas sans emploi des sommes capables d'ajouter au bienêtre de leurs familles. Il ne faut donc point, dans des vues d'intérêt pour le commerce, dé-

clamer contre la prévoyance et l'épargne. Ce qui
paralyse surtout les capitaux, ce sont les circonstances où, mécontens du présent, inquiets de
l'avenir, les hommes industrieux suspendent
leurs projets, et même craignent de prêter leurs
fonds à ceux qui se montrent plus confians ou
plus téméraires. Alors, les capitaux se resser-
rent, le travail languit, la misère devient générale.

Le *fonds de consommation* se compose des produits qui servent immédiatement à nos besoins
naturels ou factices. Des caractères qui me paraissent faciles à remarquer, distinguent les produits employés en capitaux de ceux qui se
trouvent dans le fonds de consommation. Tous
sont destinés à nous procurer des jouissances ;
mais les capitaux, qui concourent si puissamment
à ce but, n'y contribuent cependant que d'une
manière indirecte, tandis que les objets livrés à
la consommation y contribuent directement. Ensuite, les premiers servent à produire de nouvelles richesses, ou du moins ils donnent une
rente qui peut être employée à les accroître ; les

seconds s'usent, se détruisent, sans rien laisser après eux. Voilà des caractères bien distincts qui prouvent la justesse de la division sur laquelle nous jetons un coup-d'œil.

Le fonds de consommation a cette ressemblance avec les capitaux, qu'il est aussi composé d'objets dont les uns se détruisent rapidement, tels que les denrées, les boissons consommées dans nos ménages; et dont les autres s'usent avec lenteur, tels que les meubles, les maisons d'habitation, etc. Cette qualité de s'user lentement permet de les accumuler; leur nombre est considérable chez les peuples dès long-temps civilisés, et l'on ne saurait dire à quel point il le deviendrait, si l'industrie recevait, durant une suite d'années, tous les développemens que la raison peut lui supposer. *

* M. Ganilh pense que ces objets ne doivent pas être compris dans le fonds de consommation, et qu'ils sont des capitaux, parce que leur destruction est lente. *Théorie de l'économie politique*, tome II, page 3.

La durée n'est point une qualité distinctive des capi-

Les *revenus* sont les produits, ordinairement convertis en argent, que les hommes reçoivent, soit pour loyer de leurs propriétés, soit pour émolumens, ou profits, ou salaires de leurs travaux. Les revenus se dirigent nécessairement vers les capitaux ou vers les objets de consommation. J'aurai plus tard à examiner les effets qui résultent de ces deux emplois différens.

Nous acheverons de nous former des idées justes sur cette classification des produits matériels, si nous observons qu'un grand nombre de produits passent continuellement d'une classe dans une autre. Telle marchandise non vendue est dans le capital d'un manufacturier; je l'achète avec une partie de mon revenu, elle passe dans le fonds de consommation ; au

taux. Une provision de grains qu'on emploie à nourrir des ouvriers est un capital. Puisque des choses qui se détruisent rapidement font partie des capitaux, pourquoi trouver singulier que des choses durables fassent partie du fonds de consommation ?

même instant, la portion de revenu que j'ai donnée au manufacturier peut entrer dans son capital. Ce mouvement continuel ne change rien à notre division ; un produit est toujours dans une des trois classes qui viennent d'être indiquées.

Lorsqu'on a vu quels services rendent les capitaux, on conçoit les avantages qui résultent de leur accumulation ; on se les représente comme des leviers qui, devenant plus forts et plus nombreux, donnent toujours plus de facilité pour vaincre les obstacles qui s'opposent au développement de l'industrie. Ce n'est pas seulement par le progrès des lumières, c'est aussi par l'accumulation des capitaux que les peuples modernes ont les moyens de se livrer à des fabrications si variées, d'envoyer leurs produits à des contrées lointaines, et d'en rapporter des richesses nouvelles.

J'aurai, dans la suite de cet ouvrage, à parler encore des capitaux ; ici, je n'avais à montrer que leur usage pour la formation des richesses. Smith pense qu'elles sont produites uniquement par le travail; et les partisans de cette opinion attaquent M. Say pour avoir soutenu que les capitaux sont un des agens de la production. Les capitaux, disent-ils, sont des produits qu'un travail antérieur a fait naître; le travail, par conséquent, est le seul producteur.

Je m'éloigne de l'opinion de Smith, et je diffère de celle de M. Say. Le travail n'est pas le seul producteur des richesses; il a besoin de capitaux; or, il ne peut les créer, il n'en fournit pour ainsi dire que la matière première. En effet, le travail peut bien donner quelques produits; mais, si la dissipation les anéantit ou les disperse, l'homme restera toujours au même point de misère. Il faut que l'épargne réunisse, conserve ces produits; elle seule a le pouvoir de les transformer en capitaux. L'auteur anglais exagère donc la puissance du travail. Mais, l'auteur français fait jouer aux capitaux un rôle actif que ne comporte point leur nature; ce sont des instrumens inertes par eux-mêmes. L'épargne reçoit du travail la matière première des capitaux; elle les forme, et les donne au travail qui les emploie. Voilà ce que l'observation fait reconnaître. Ainsi, les agens de la production sont le travail de la nature, le travail de l'homme, et l'épargne qui forme les capitaux.

FIN DU PREMIER LIVRE.

LIVRE II.

DE LA FORMATION ET DE LA DISTRIBUTION DES RICHESSES.

CHAPITRE PREMIER.

IMPORTANCE DE LA DISTRIBUTION DES RICHESSES.

La plupart des écrits sur l'économie politique dirigent trop exclusivement l'attention du lecteur vers la production des richesses; il semble qu'on veuille produire uniquement pour produire; on ajoute ainsi à la sécheresse d'une science qui ne peut intéresser que par son but. Ce but étant de satisfaire les besoins des hommes, il importe que les richesses soient bien distribuées, c'est-à-dire réparties dans un grand nombre de mains. On diffère trop d'exposer, de développer ces vérités, lorsqu'on rattache à la production tous les sujets qui présentent des rapports avec elle. On

évitera ces inconvéniens si l'on observe qu'il y a
des questions spécialement relatives à la *formation* des richesses, d'autres à leur *distribution*,
mais qu'il en est beaucoup aussi qui concernent,
à-la-fois, les deux premières parties de l'économie
politique. Je consacre à ces sujets mixtes le second livre de cet ouvrage.

Le bonheur d'un état dépend moins de la quantité de produits qu'il possède, que de la manière
dont ils sont répartis. Supposons deux états également peuplés, dont l'un a deux fois plus de richesses que l'autre. Si les produits sont mal dis-
tribués dans le premier, qu'ils le soient bien
dans le second, celui-ci offrira la population la
plus heureuse. Aucun pays n'est aussi remarquable que l'Angleterre, sous le rapport de la
formation des richesses; en France, leur distribution est meilleure : j'en conclus qu'il y a plus
de bonheur en France qu'en Angleterre.

C'est pour que la distribution soit abondante
qu'il est à desirer que la production soit considérable. Mais, lorsque nous méditons, souvent
il arrive, à notre insu, qu'une idée se substitue,

dans notre esprit, à une autre idée. Ainsi, nous pensons d'abord à la prospérité publique; et, pour l'accroître, nous examinons comment on peut multiplier les richesses : bientôt, préoccupés de cet examen, nous ne songeons plus qu'aux richesses; le moyen devient un but, et le bonheur est oublié. La facilité avec laquelle s'opèrent ces changemens d'idées est une grande cause d'erreurs. Un écrivain distingué en économie politique, Ricardo, prend la plume pour être utile à ses semblables; mais, entraîné par ses calculs, il semble quelquefois oublier les hommes et ne tenir compte que des produits. Par exemple, il établit que dans une contrée où se trouvent dix millions d'habitans, si le travail de cinq millions d'entre eux suffit pour les nourrir et les vêtir, ce pays n'aurait point d'avantage à compter douze millions d'habitans, si le travail de sept millions devenait nécessaire pour obtenir les mêmes résultats *. Il lui est donc in-

* *Des principes de l'économie politique*, tome 11, p. 224 de la traduction française.

différent que deux millions d'individus existent ou n'existent pas, si le produit est le même. En lisant certains économistes, on croirait que les produits ne sont pas faits pour les hommes, et que les hommes sont faits pour les produits.

Les richesses bien distribuées mettent les habitans d'un état dans une situation favorable pour en créer de nouvelles. Si la distribution est tellement vicieuse que les uns aient presque tout, et que les autres n'aient presque rien, les premiers n'ont pas plus la volonté d'encourager l'industrie que les seconds n'ont la possibilité de s'y livrer. Tout languit : l'intelligence est engourdie; les hommes ne savent se procurer ni des travaux ni des plaisirs. Sous le gouvernement féodal, le luxe des seigneurs consistait à s'entourer d'un nombreux domestique, et leur passe-temps favori était la chasse. Pour satisfaire de pareils goûts, il suffisait du revenu de leurs domaines mal cultivés et du vaste espace de leurs forêts. Les arts leur semblaient méprisables; et de pauvres vassaux ne pouvaient tenter d'éveiller leurs desirs par des produits variés. On croirait qu'il n'est aucun moyen pour sortir de cet état d'ignorance et de misère, si l'expérience n'apprenait quels prodigieux changemens peuvent être opérés, à la longue, par une suite de causes et d'effets qui deviennent causes à leur tour, et produisent des effets toujours plus remarquables. Avec le temps, il arrive que des vassaux, plus intelligens que les autres, apportent dans les châteaux quelques produits d'une industrie naissante. Leurs gains les encouragent, et leur exemple a des imitateurs. Les grands propriétaires commencent à concevoir qu'il peut exister des plaisirs ignorés de leurs pères : ceux qui voyagent, ceux que la guerre entraîne au loin, sont frappés par la vue d'objets qui leur plaisent, et qu'ils aimeraient à retrouver dans leur pays. Animés par des desirs nouveaux, ils sentent le besoin d'augmenter et d'employer différemment leurs revenus : ils prennent intérêt aux progrès de la culture, afin d'accroître la rente de leurs domaines; ils renvoient des valets, dont les gages se changent en salaires pour des artisans. Le travail est excité, la misère diminue, l'intelligence se développe, les capitaux se forment, et le travail prend un nouvel essor. Dans ces heureux changemens, la distribution des richesses se présente, tantôt comme un effet, tantôt comme une cause : née de l'industrie, elle en est devenue la gardienne et le moteur.

Je dois reconnaître une exception au principe qui fait dépendre, en grande partie, la formation des richesses de leur bonne distribution. Il est des contrées où elles sont réparties de la manière la plus vicieuse, et cependant où la production est très considérable. Pour opérer ce phénomène, deux conditions sont nécessaires : l'une, c'est que les hommes qui ont tout soient intelligens; l'autre, c'est que ceux qui n'ont rien soient esclaves. Alors, une contrée ressemble à un vaste atelier, garni de machines vivantes, que des êtres industrieux font mouvoir. Tel est le spectacle que présentent ces déplorables colonies, où l'Européen condamne les noirs à s'exténuer pour lui. Ne cherchons point à prouver que le travail des hommes libres coûterait moins que celui des esclaves. J'admets que ce fait est douteux. Peut-être, sous un ciel brûlant, l'homme libre travaillerait-il moins que l'esclave ; peut-être la supériorité de son intelligence n'offrirait-elle pas une compensation suffisante. Qu'importe que ces conjectures soient justes ou fausses? Les questions sur la liberté, et sur le rang des hommes sont-elles des questions mercantiles? Quand les partisans de la traite vantent les profits qu'ils lui doivent, et s'imaginent la justifier ainsi, je crois entendre des brigands qui prétendraient se faire absoudre, en prouvant que leurs crimes sont lucratifs.

Hâtons - nous d'observer qu'une production abondante ne peut être obtenue par le moyen exécrable dont je viens de parler, que dans le cas où les travaux sont tellement simples que les ouvriers n'ont pas besoin d'intelligence. Si l'on veut qu'un pays soit fécond en produits variés, il est indispensable de le peupler d'hommes industrieux et de leur garantir qu'ils jouiront des fruits de leurs travaux. Ainsi, l'exception confirme le principe que la bonne distribution des richesses est un moyen puissant de les multiplier.

CHAPITRE II.

DE LA PROPRIÉTÉ.

La propriété n'est point inconnue dans l'état social le plus simple. Un sauvage est propriétaire des flèches qu'il a façonnées et de la hutte qu'il s'est construite ; il a mis son travail dans ces objets, et de son travail résulte son droit sur eux ; s'il les donne, il transmet son droit. Je pouvais remonter plus haut : nos premières propriétés sont les facultés que nous avons reçues de l'auteur des êtres ; tout homme est propriétaire, au moins de sa personne.

Mais, comment la terre est-elle devenue le patrimoine d'un petit nombre de ses habitans ? Comment s'est effectuée cette appropriation du sol qui, presque toujours, excite l'envie du pauvre, et qui, plus d'une fois, a fait éclater les fureurs populaires ?

Assurément la propriété territoriale ne fut pas établie partout au même jour, sous la même influence; il est donc absurde de vouloir lui donner une seule origine. Sans doute cette propriété s'est formée, sur différens points du globe, de toutes les manières différentes dont il est possible qu'elle s'établisse. Là, par le consentement des membres de la peuplade; ici, par la force : ailleurs, les premiers occupans se trouvèrent, sans délibération ni violence, maîtres des champs qu'ils avaient cultivés.

Le mode d'appropriation le plus général fut très probablement étranger à la force. Quand des hommes quittent la vie des chasseurs ou celle des pasteurs, pour se livrer à la culture, le territoire qui se trouve à leur disposition est immense. Il y a peu d'hommes, parce qu'il y a peu de subsistances; et tous ne renoncent pas au même instant à la vie nomade. Beaucoup d'entre eux la chérissent encore par habitude, et d'autres manquent des avances nécessaires pour fertiliser le sol. Ceux qui veulent cultiver peuvent donc s'approprier des terres, sans réclamer de consentement, sans recourir à la violence ; ce qu'ils font ne nuit à personne, et chacun est libre de suivre leur exemple.

Au surplus, on peut différer d'opinion sur la manière dont s'est formée la propriété territoriale ; mais ce qu'un observateur éclairé ne saurait mettre en doute, c'est la bienfaisante influence qu'exerce l'établissement de ce genre de propriétés. Lorsqu'on dit : la terre appartenait à tous les hommes, on s'exprimerait mieux en disant : la terre n'appartenait à personne. L'impossibilité d'en faire un partage égal, l'impossibilité de le maintenir, si l'on suppose qu'il existe un instant, prouvent que la nature des choses veut que le sol n'ait point de possesseur ou qu'il se divise entre un certain nombre de propriétaires. De ces deux modes d'existence, l'un est préjudiciable à tous, l'autre est conforme aux intérêts de tous. Quand la terre est sans possesseurs, qui voudrait la cultiver avec soin ? lui consacrer son labeur et ses épargnes ? Quelques travaux passagers, les seuls qu'on ose faire quand on n'est pas certain de recueillir, ajoutent peu de productions aux fruits spontanés et sauvages ; la population est rare et misérable. Dès que la propriété territoriale est établie, une nouvelle ère commence ; les produits se multiplient, la population s'accroît avec eux. Dans cet état nouveau de la société, il se fait une grande division du travail entre les hommes qui tirent du sol les denrées, les matières brutes, et ceux qui s'adonnent aux arts qu'exige la fabrication de ces matières. Les deux classes, également laborieuses, voient leur bien-être résulter de l'activité de leurs travaux et de leurs échanges. Bientôt les produits matériels deviennent assez communs pour que des hommes puissent se consacrer tout entiers à donner des produits immatériels. Ainsi, nous devons à la propriété territoriale l'accroissement de la population, de l'aisance, et l'exercice des plus nobles facultés ; nous lui devons le développement des forces, des richesses et de l'intelligence du genre humain. On prouverait que l'établissement de ce genre de propriétés n'est pas nécessairement amené par la nature des choses, qu'il faudrait en considérer l'invention, si je puis dire ainsi, comme la source la plus féconde en bienfaits qu'on ait jamais ouverte aux hommes.

Quand on dit les *propriétaires,* on entend presque toujours par ce mot, les possesseurs de terres. Cet abus du langage serait fort dangereux s'il disposait à croire qu'il y a des propriétés moins sacrées que la propriété territoriale. S'il existait une propriété qu'on dût respecter plus encore que les autres, ce serait celle des hommes qui ne possèdent que leurs bras et leur industrie : gêner leur travail, c'est leur ôter les moyens de vivre; un tel vol est un assassinat. Mais ne cherchons point s'il est une propriété plus sacrée que les autres; toutes doivent être religieusement garanties. En considérant que chaque homme a quelque chose à lui, que par conséquent nous sommes tous propriétaires, on sent que l'intérêt universel veut que chacun possède en paix ce qu'il tient de son travail ou de la libéralité d'autrui, qu'il puisse en jouir et l'accroître, pour son avantage et pour celui de ses semblables.

Nous pensons avec horreur à ces empires

d'Orient où le pouvoir se joue de la vie et de la
fortune des hommes. Nous frémissons à l'idée de
ces temps où l'anarchie bouleverse des états civilisés, et dévore les capitaux amassés par l'industrie. Il s'en faut beaucoup cependant que
dans nos contrées européennes, même au sein
de la paix, la propriété soit aussi respectée
qu'elle devrait l'être; elle est souvent attaquée
de très haut et de très bas.

Les gouvernemens enseignent à violer les
propriétés, lorsqu'ils commettent des actes ar-
bitraires contre les biens ou les personnes; lorsqu'ils dépouillent leurs créanciers, soit ouvertement, soit par des moyens indirects, tels que
l'altération des monnaies, ou l'émission de papiers qui n'ont qu'une valeur nominale; lorsqu'ils mettent des obstacles au travail; lorsqu'ils
lèvent des impôts sans mesure, ou qu'ils dissipent les sommes versées dans leurs mains pour
être consacrées au service public. De tels exemples étendent leur fatale influence dans tous les
rangs de la société. Les classes nobles, riches,
se persuadent que les lois ne sont pas plus faites

pour elles que pour ceux qui gouvernent ; elles croiraient déroger en n'exerçant pas aussi l'arbitraire. Tous ces exemples autorisent les classes pauvres à croire que la morale est une fable qu'on leur prêche ; et que, dans ce monde, il s'agit, non de suivre la justice, mais d'échapper aux lois par l'adresse ou par la force.

L'ignorance et la misère du bas peuple sont aussi des causes permanentes de la violation des propriétés. Un homme respectable me montrait dernièrement une lettre d'un avocat général ; ce magistrat lui disait : *Je gémis d'être obligé de requérir l'application des peines légales du vol à des malheureux, dont l'ignorance est telle qu'ils n'ont pas même une idée de la propriété.* On trouve, dans les quartiers les plus pauvres de Paris, une masse d'individus qui passent leur vie entière sans entendre prononcer un seul mot de morale ; leur misérable existence est toute matérielle. Les uns travaillent, boivent, et retournent au travail quand la nécessité les y force ; ce sont les plus honnêtes ; les autres partagent leur temps entre le vol et la débauche. Les cabarets sont pour tous des repaires d'où ils sortent le moins qu'il leur est possible. Le mariage leur est presque inconnu, bien qu'ils aient des multitudes d'enfans. Ces petits malheureux n'entendent que des paroles grossières, obscènes ; les injures, et les coups leur sont prodigués ainsi qu'à leurs mères. Les hommes ont entre eux des querelles fréquentes. Leurs combats sont atroces; ces sauvages d'Europe se font des morsures cruelles. Ces générations abruties, opprobre des états civilisés, ces générations fécondes en prostitutions, en incestes, en vols, en délits de tous genres, périssent avant l'âge, exténuées par la misère et la débauche. On ne réfléchit pas que vivre à côté de cette masse hideuse, c'est vivre près d'un volcan. Aussi long-temps que le despotisme et l'anarchie auront sous la main de tels matériaux de crimes, il sera facile avec un peu d'or, dans les temps agités, de renouveler les scènes de la Saint-Barthélemy ou celles du 2 septembre.

Éclairer les hommes, c'est les instruire de leurs

devoirs et de tout ce qui peut les leur rendre chers.
Il faut donc avoir des idées bien fausses ou bien
confuses pour hésiter à décider s'il serait avantageux d'éclairer la multitude. Les vérités que
je viens d'exposer sur les bienfaits qui naissent
de la propriété territoriale, et sur le respect dû à
tous les genres de propriétés, devraient être des
idées populaires. Avec des soins pour l'instruction de la classe nombreuse, rien ne serait plus
facile, ni peut-être plus utile, que de répandre
les vérités pratiques de la science qui nous occupe.

CHAPITRE III.

DE LA DIVISION DES PROPRIÉTÉS TERRITORIALES.

La question de l'influence que la division des terres, en grandes ou en petites propriétés, exerce sur l'aisance générale est une des plus importantes. Offrons quelques observations préliminaires.

Divers terreins, soit par leur nature, soit par leur situation, appellent ou repoussent le morcellement de la propriété. Cette colline aride qui sera fécondée, embellie, par les travaux de petits propriétaires, resterait inculte et comme perdue, si on l'enclavait dans un vaste domaine. Les mêmes propriétaires mourraient de faim dans une plaine marécageuse, que mettront en valeur les capitaux d'un riche cultivateur. Lorsqu'on demande comment il est avantageux que les propriétés soient divisées, l'attention doit donc se porter sur celles que la nature des choses permet de morceler ou d'agglomérer, selon les goûts et les besoins des habitans.

Observons encore que bien des gens tombent dans une erreur grave en croyant identiques l'idée de *grande propriété* et l'idée de *grande culture*. On donne à ces derniers mots diverses significations qu'il serait inutile d'examiner ici. La grande culture se pratique sur de vastes terreins, avec des capitaux considérables qui sont ou doivent être habilement dirigés. En vain un pays offrira-t-il de grandes propriétés; si les laboureurs n'ont que de faibles avances, on ne connaîtra dans ce pays que la petite culture; il faudra, pour louer les domaines, qu'on les partage en fermes de peu d'étendue. C'est ainsi que, dans la misérable Irlande, les plus vastes propriétés se divisent et se subdivisent quelquefois, par l'effet des sous-locations, jusqu'à un acre, un demi-acre et même un quart d'acre, sur lequel végète une famille dénuée de toute avance. La grande culture est un effet de l'abondance des capitaux.

Si, dans une contrée où les terres sont fort divisées, il se trouve beaucoup de capitaux destinés à l'agriculture, on verra de riches cultivateurs se mettre à la tête de grosses fermes, en réunissant plusieurs domaines. Toutefois, reconnaissons que le morcellement des propriétés oppose des obstacles aux grandes exploitations agricoles. Par exemple, les bâtimens qui suffisent à de petits domaines cessent de convenir si l'on réunit ces domaines; et les constructions qu'on aura faites pour la grande ferme deviendront inutiles si, dans la suite, ces mêmes terres sont de nouveau divisées. Lorsque les capitaux abondent, les grandes propriétés sont favorables à la grande culture.

Il y a deux systèmes, dont l'un peut être nommé système anglais, et l'autre système français. Les partisans du premier vantent avec raison les progrès importans et rapides que l'agriculture doit à de grandes propriétés, exploitées par des cultivateurs instruits qui disposent de riches capitaux. Dans ces grandes fermes, l'art des assolemens, celui des irrigations, et toutes les principales cultures sont portés à un incontestable degré de supériorité. C'est là que les races de bestiaux s'améliorent promptement, et que les instrumens nécessaires aux cultivateurs se perfectionnent avec rapidité. Ces fermes, par la division du travail et par la puissance des moyens que de grands capitaux permettent d'employer, sont celles qui donnent le plus de produits avec le moins de bras. Voilà, selon des hommes éclairés, un double élément de prospérité publique. On obtient de la terre la plus grande quantité de produits qu'elle puisse donner ; en même temps, un nombre de bras considérable, dont l'industrie agricole n'a plus besoin, se dirigent vers l'industrie manufacturière, qui donne à son tour la plus grande quantité de produits qu'on puisse en obtenir. Ainsi cette théorie promet à tous les peuples qui la réaliseront une haute prospérité.

Les partisans de l'autre système pensent qu'il est très avantageux, pour un état, que la plus grande partie des habitans soit employée aux travaux agricoles, ce qui suppose de nombreux propriétaires. Dans la Grande-Bretagne, la proportion des individus occupés à la culture, relativement à l'autre partie de la population, n'est pas tout-à-fait comme deux est à trois *. En France, cette proportion est bien différente. Selon M. de Sismondi, elle est comme quatre est à un **. Sans affirmer qu'il n'y ait pas d'exagération dans ce calcul, je crois qu'il s'éloigne peu de la vérité. On sait combien est réduit le nombre des propriétaires en Angleterre. M. de Montveran ne le portait qu'à trente-deux mille en 1816; tandis qu'en France, à la même époque, environ la moitié des habitans étaient membres de familles propriétaires ***. Quand la plus grande partie de la population est occupée par l'agriculture, il y a dans l'état et dans les familles plus de sécurité. L'industrie manufacturière et commerciale a quelque chose de brillant et d'indé-

* *Principes de l'économie politique*, par M. Malthus, tome II, page 70.

** *Nouveaux principes d'économie politique*, 2ᵉ édition, tome I, page 254.

*** *Voyez* une note de Garnier, traduction de Smith, tome VI, page 177.

fini que n'a point l'industrie agricole ; mais elle est bien plus sujette à ces revers, à ces crises qui bouleversent la fortune d'une foule d'individus. Remarquons aussi, et j'appelle l'attention du lecteur sur cette observation importante, remarquons, dis-je, que, grâce aux progrès de l'industrie, au perfectionnement des outils et des machines, il n'est point nécessaire que la population manufacturière soit très nombreuse pour donner d'abondantes richesses.

La théorie anglaise promet une haute prospérité ; mais je considère les faits, et je vois qu'une partie de la population de l'Angleterre est horriblement misérable : la terre l'a repoussée, et les fabriques ont peine à la contenir. En France, la misère est resserrée dans des bornes plus étroites, l'aisance est bien plus générale. Assurément les grandes fermes ont, pour les progrès de l'agriculture, des avantages précieux ; et je crois aussi nécessaire l'existence d'un certain nombre de ces fermes, que je croirais funeste la destruction de toutes les petites propriétés. Mais, n'exagérons pas des avantages que je reconnais. Si l'art de cultiver n'est point parvenu chez nous au même degré de perfection que chez les Anglais, notre agriculture a cependant fait des progrès remarquables ; elle en fera de nouveaux chaque jour ; et certes il vaudrait mieux les voir s'opérer avec lenteur que de les acheter au prix du bien-être d'une partie de la population.

Plus d'une fois les écrivains français se sont livrés à leur imagination pour peindre les avantages attachés aux petites propriétés: ils semblaient oublier que l'art d'observer en économie politique est fort différent de l'art de composer des idylles. On a tracé le tableau des merveilles d'industrie dues à de petits propriétaires, qui fertilisent jusqu'aux crêtes des rochers voisins de leurs modestes demeures. A ce tableau on n'a pas manqué d'opposer celui que présentent d'immenses domaines négligés par d'insoucians possesseurs, ou frappés de stérilité par le luxe qui les transforme en parcs, en jardins d'agrément. Les deux tableaux sont vrais; mais, quelles conséquences doit-on en tirer? Ils sont rares ces terreins nus, d'un difficile abord, dont l'aridité ne peut être vaincue que par l'ingénieuse adresse que donne le besoin ; et l'on ne peut rien en conclure de général en faveur de la petite propriété. Si de grands propriétaires négligent leurs domaines, ou préfèrent l'agréable à l'utile, cela ne prouve nullement que la grande culture ne soit pas la plus propre à perfectionner l'art, et à donner la plus grande masse de produits agricoles.

Sans énoncer des idées fades et fausses, on peut faire valoir des considérations morales en faveur des petites propriétés. J'admets que si l'on réunit vingt de ces propriétés en une seule, il y aura plus de *produit net ;* j'accorde même qu'on exploitera la grande ferme de manière à créer plus de *produit brut* *. Mais, ne formons pas les richesses pour les richesses, et songeons au bon-

---

* Le produit brut est la totalité des fruits du domaine ; le produit net est ce qui reste, lorsqu'on a fait la reprise de toutes les avances.

On s'abuse si l'on ne voit la richesse que dans le produit net. La totalité des produits se consomme, et contribue à satisfaire nos besoins.

heur. Les vingt petits propriétaires qui travail-
laient pour eux-mêmes, et qui désormais travail-
leront pour autrui, seront-ils plus heureux? Cette
question n'est pas de nature à se résoudre uniquement par des chiffres. Sans doute un petit
propriétaire géné pourrait devenir un fermier à
son aise, au moyen des avances que lui procu-
rerait la vente de ses champs. Sans doute un
père doit embrasser le genre de vie qui promet
de lui assurer l'aisance nécessaire pour élever sa
famille. De telles considérations méritent bien
qu'on s'en occupe. Mais, dans plusieurs pays, surtout en France, on voit des gens pauvres se
plaire sur leurs chétives propriétés. Ils seraient
mieux en les quittant; c'est-à-dire ils auraient
ailleurs moins de fatigues et plus d'argent: ils
préfèrent, cependant, rester sous le toit de leurs
pères; ils y jouissent de souvenirs qui seraient
ailleurs des regrets. Faut-il combattre ce sentiment, que les progrès de l'industrie affaiblissent
chaque jour, en répandant l'ardeur de spéculer
et la soif de s'enrichir?

La diversité dans l'étendue des propriétés est

nécessaire. Si le territoire d'un état était divisé en vastes domaines, indépendamment des inconvéniens que nous avons observés, il serait trop facile aux possesseurs de ces domaines de hausser le prix des denrées, du moins avec le secours que leur prêterait le tarif des douanes. S'il n'existait, au contraire, que de petites propriétés, les cultivateurs, pressés de vendre leurs récoltes, aviliraient le prix des denrées; il y aurait une abondance factice qui rendrait la consommation plus rapide, et les disettes plus fréquentes.

Si l'on abandonne les choses à leur cours naturel, la division des terres sera telle que le demandent la formation et la distribution des richesses; on aura de petites, de moyennes et de grandes propriétés. Il suffit que les lois n'opposent point d'obstacle à la libre circulation des terres, pour qu'on soit garanti des dangers qu'entraînerait l'excès de leur morcellement ou de leur agglomération.

On peut se représenter le morcellement de la propriété territoriale porté à tel point qu'il en résulterait l'indigence universelle. C'est avec l'ex-

cédant des produits de leurs champs que les propriétaires et les fermiers se procurent les objets
qui leur sont utiles ou agréables, et qu'ils font
vivre les hommes occupés de l'industrie manufacturière et commerciale. Si le sol était tellement
subdivisé que chaque famille de cultivateur ne
pût tirer que sa subsistance de son étroit domaine, elle serait obligée de pourvoir elle-même
à tous ses besoins, et sa misère serait extrême. La
détresse serait plus grande encore parmi les habitans qui n'auraient point de terres : ceux-ci ne
pourraient même soutenir leur vie, puisqu'ils ne
trouveraient plus à échanger contre des denrées
les produits des fabriques. Ainsi, une partie des
hommes auraient une existence toute physique,
une vie animale, et les autres mourraient de
faim.

Mais ce tableau nous fait voir une hypothèse
impossible à réaliser. Deux causes, l'intérêt du
riche et l'intérêt du pauvre, s'opposeront toujours à l'excès de subdivision redouté par des observateurs superficiels. Le propriétaire qui vit
dans l'opulence veut agrandir ses domaines, et

celui qui se trouve dans l'aisance veut arrondir le sien. Il y a une attraction qui fait graviter les champs épars vers les corps de ferme. Une année de disette anéantit un nombre considérable de petites propriétés. Sans qu'il y ait des circonstances extraordinaires, tous les jours la difficulté de partager de faibles successions, et l'intérêt des héritiers s'opposent à ce que le morcellement des terres ait lieu à l'infini. Une trop grande division des propriétés peut momentanément exister sur tel point d'un état; mais ce mal qui ne saurait s'étendre, que le temps fait disparaître, et qui trouve des compensations, est à-peu-près nul dans la masse des intérêts sociaux.

La nature pourvoit de même à ce que les propriétés ne se concentrent pas dans un très petit nombre de mains. Cette agglomération ne saurait avoir lieu quand le partage de la fortune des pères est égal, ou à-peu-près égal, entre tous les enfans.

Il est une observation essentielle à faire sur les deux excès qu'on peut supposer dans la division des terres. Le morcellement porté trop loin, je le répète, est impossible. Si on l'effectuait, on ne pourrait le maintenir, quelque moyen qu'on voulût employer, à moins que le législateur n'agît sur une espace très circonscrit, et ne formât un couvent politique pareil à celui de Lycurgue. Nos états industrieux et vastes repoussent de telles institutions; et l'abus du morcellement des terres se corrige de lui-même. Il n'en est pas ainsi de leur concentration. Cet abus ou, pour parler plus exactement, ce fléau peut certainement exister. Le droit d'aînesse, les majorats, les substitutions qui, en se renouvelant, en se perpétuant, produiraient les mêmes effets que les majorats, peuvent enlever sans cesse des terres à la circulation, et finir par donner au territoire un très petit nombre de maîtres. Il est à remarquer que les progrès de l'industrie, et l'accumulation des capitaux, tendent à réunir les terres, excitent à détruire les petites propriétés pour en cultiver de grandes. Cette cause, quand elle agit seule, est presque sans danger, car elle n'empêche point les domaines réunis d'être ensuite divisés; et comme elle naît du développement de l'industrie, de l'accroissement des moyens d'animer le travail, elle porte en soi des compensations nombreuses. Mais, le droit d'aînesse, les majorats, les substitutions dépouillent sans compensation. Sous leur régime, il peut y avoir une foule d'habitans dépossédés, et pas une grande ferme de plus dans l'état.

Ces institutions, je le sais, peuvent être considérées sous un point de vue purement politique; et j'accorderai même qu'il est des circonstances où les principes de la science des richesses doivent céder à des considérations d'une plus haute importance. Ainsi, à l'époque de l'anarchie féodale, il fallait être en état de résister aux agressions de ses voisins : diviser sa propriété entre tous ses enfans, c'eût été l'anéantir; le droit d'aînesse était alors fondé sur la nécessité. Depuis, c'est la vanité qui l'a perpétué : maintenant, on voit lutter contre elle un sentiment d'équité généralement répandu, et la tendresse de presque toutes les mères.

Il importe aux intérêts de l'industrie qu'on

maintienne la paix et la liberté dans l'état. La plupart des publicistes étant aujourd'hui d'accord que l'institution de la pairie concourt puissamment à garantir ces avantages, et qu'elle ne peut exister sans des majorats pour les pairs, il faudrait approuver cette institution, alors même que, sous un point de vue, elle contrarierait nos principes. Mais des majorats si peu nombreux ne sauraient avoir, sur la distribution des richesses, une fâcheuse influence. En supposant que la pairie enlevât des terres à la circulation pour une somme de trois cents millions, cela serait insensible dans un pays tel que la France, où les propriétés rurales immobilières s'élèvent à plus de quarante milliards *. Ces majorats, sans inconvénient pour la société, lui deviendront même utiles si les pairs, se regardant comme les protecteurs de tous les intérêts publics, attachent un juste orgueil à voir les grands progrès de l'a-

---

* M. Chaptal (*De l'Industrie française*, tome I, page 220) ne les évalue qu'à trente-trois milliards ; mais il fait cette évaluation d'après le revenu qu'il compte au cinq pour cent.

griculture naître sur leurs domaines. On pourrait ne pas enlever des terres à la circulation, et
former les majorats en rentes sur l'état ; mais un
pareil mode entraînerait des inconvéniens graves :
il a je ne sais quelle apparence précaire, il af-
franchit de l'impôt, il peut, dans des momens de
crise, obliger les pairs à réclamer pour eux un
paiement qui serait différé pour les autres rentiers. Les majorats en biens-fonds sont les seuls
convenables à la dignité, à la stabilité de la
pairie.

CHAPITRE IV.

DE LA LIBERTÉ DE L'INDUSTRIE.

L'INDUSTRIE des hommes, riches entrepreneurs ou pauvres manœuvres, est leur propriété ; la justice veut qu'on leur en assure l'usage autant qu'il est possible, et nous verrons que l'intérêt social l'exige également. Pour juger les effets des entraves imposées presque partout à l'industrie, il faut l'observer d'abord exerçant son activité dans l'intérieur de l'état, ensuite portant au-dehors des produits nationaux et rapportant des produits étrangers. C'est sous le premier point de vue que je commence par la considérer.

Des faits récens suffiraient pour jeter sur ce sujet une vive lumière. La France fut en proie à des discordes sanglantes ; elle soutint, pendant plus de vingt ans, des guerres dispendieuses et

meurtrières ; les plus riches familles s'enfuirent,
d'habiles ouvriers s'expatrièrent; le papier-monnaie, la loi du maximum, la conscription, les invasions et les impôts énormes se succédèrent ou
se réunirent pour l'accabler; et c'est après tant
de désordres, c'est lorsqu'une partie de ces causes
de ruine pesaient encore sur elle, qu'on a vu son
industrie prendre un essor nouveau, et frapper
d'admiration l'Europe étonnée. Le nombre de
nos ouvriers est presque doublé dans nos villes ;
la quantité de nos produits est plus que triplée ;
nous cultivons avec succès des branches d'industrie qui nous furent long-temps étrangères ;
la plupart de celles que nous possédions ont
reçu des perfectionnemens, et peut-être n'en
est-il aucune dont on puisse dire qu'elle a dé-
généré *. Le premier résultat de ces progrès

---

* C'est pitié d'entendre des gens d'un esprit chagrin soutenir le contraire, et dire, par exemple, qu'on ne fait plus
des étoffes aussi solides qu'autrefois. Cela peut être vrai de
certaines étoffes qui jadis se transmettaient de génération en
génération. Si l'on n'en fabrique pas, c'est qu'elles ont cessé
d'être du goût des consommateurs. Qu'on se plaigne, si

inattendus est une aisance plus générale , qu'un coup-d'œil suffit pour apercevoir ; la classe nombreuse est évidemment mieux nourrie , mieux vêtue, mieux logée qu'il y a quarante ans. Le second résultat est la richesse du gouvernement, puisque la France paie un milliard d'impôt chaque année. Sa situation est telle que ses habitans n'auraient besoin que d'un seul bien, la sécurité, pour acquérir, en moins d'un demi-siècle, une prospérité dont peut-être aucun peuple n'offrit encore le modèle.

La principale cause de tant de progrès, au

l'on veut, de ce que les femmes, pour mettre plus de variété dans leur toilette, préfèrent des soieries légères à des soieries d'une éternelle durée; bien que je ne voie sur ce point aucun reproche à leur faire, j'accorderai qu'on est libre de les blâmer. Mais ce n'est pas aux manufacturiers qu'il faut s'en prendre. Plusieurs d'entre eux fabriqueraient très bien les étoffes que certaines personnes regrettent, car ils ont autant et plus d'habileté que leurs devanciers; mais ils auraient grand tort d'offrir des produits pour lesquels ils ne trouveraient pas d'acheteurs. J'ai vu des draps nouveaux qui surpassent en solidité ceux de nos pères; on en fabrique peu, parce que peu de consommateurs en desirent.

milieu de circonstances si défavorables, c'est la liberté donnée à l'industrie dans l'intérieur de l'état. Les arts étaient surchargés, en France, d'une multitude d'entraves, comme ils le sont encore dans la plupart des contrées de l'Europe, qui devraient s'éclairer enfin de notre expérience. Les apprentissages forcés, les maîtrises, les corporations repoussaient des gens habiles, restreignaient les moyens d'accroître et de perfectionner les produits. Des formalités gênantes, des vexations multipliées désolaient les ateliers et protégeaient la routine. Des barrières séparaient les provinces : un chariot de marchandises, allant de Bretagne en Provence, était visité huit fois, et payait sept droits différens. Quand on jette les yeux sur l'amas de réglemens, de prohibitions, de priviléges qui pesaient sur notre industrie, on s'étonne qu'elle pût avoir quelque activité; on demande comment de tels fléaux n'avaient pas arrêté tous ses développemens.

La société est douée d'un principe vital presque impossible à détruire : sous de mauvaises lois elle souffre, mais elle existe. D'ailleurs, ne jugeons pas l'effet des institutions vicieuses sur les individus qu'elles enlacent dès l'enfance, par celui qu'elles produiraient sur des hommes qui les subiraient tout-à-coup. On s'arrange dans un ordre de choses, quelque vicieux qu'il soit, si l'on est convaincu qu'il a toujours existé et qu'il ne changera jamais. Le besoin de vivre force à travailler; si l'on est tourmenté, vexé dans ses travaux, on fait peu, on fait mal; mais on fait quelque chose. Enfin, supposons qu'on eût aujourd'hui la folie de nous assujétir au régime des corporations et des réglemens, on ferait rétrograder les arts, on répandrait la misère, mais on ne détruirait pas toute industrie; et cependant nos habitudes de liberté rendraient ce régime plus odieux et plus insupportable pour nous qu'il ne l'était pour nos pères.

Si les lois réglementaires de l'industrie étaient préjudiciables, a-t-on dit, la France les aurait-elle conservées si long-temps? subsisteraient-elles encore dans des pays éclairés? Quand ces entraves sont établies, il est fort difficile de s'en délivrer. À moins qu'un administrateur ne joigne, à de hautes lumières, le plus rare courage, il n’ose affranchir l’industrie. Dès qu’il veut réaliser une idée juste sur la liberté des arts, il est assailli par les réclamations de tous les hommes intéressés à maintenir le monopole et la routine. Les membres des corporations se concertent, se liguent ; ils appellent à leur aide les gens pourvus d’offices, et les commis de bureau, et tout ce peuple de protecteurs, grands ou petits, qui sont bien aises d’avoir des places à donner. Les profits des abus servent à perpétuer les abus. Les esprits bornés, toujours prêts à croire que ce qui est doit être, et que les idées d’améliorations sont des rêveries, se livrent d’autant plus aux terreurs répandues par les membres des corporations, que ceux-ci se montrent convaincus que leur intérêt est l’intérêt général, qu’ils font valoir leurs connaissances positives, leur longue expérience, et qu’ils sont habiles à grossir les inconvéniens inséparables des changemens même les plus utiles. Comment un administrateur ne s’étourdirait-il pas au milieu des clameurs qu’excitent ses projets ? Pour donner une idée de la violence des réclamations que font entendre les monopoleurs dès qu'ils s'imaginent qu'on attente à leurs droits, il faut citer un exemple : je le puise dans les observations d'un inspecteur général des manufactures.

« Est-il question d'autoriser à fabriquer les toiles peintes, dont un siècle d'atrocités n'avait pu ni empêcher l'introduction ni diminuer la consommation ? Les privilégiés voient dans ce projet la subversion de toutes les lois, l'anéantissement du commerce, la dépopulation du royaume. De toutes parts ce ne sont que convocations, délibérations, députations, mémoires, cotisations, argent répandu, sollicitations de toute espèce.

« Rouen fait valoir la prospérité due à ses manufactures de cotonnades * ; et voit, si l'on permet les toiles peintes, son commerce désolé, ses métiers abandonnés, *les femmes, les enfans, les vieillards plongés dans la misère, les terres les*

---

* Il est à remarquer que l'établissement de ces manufactures avait, quelques années auparavant, excité une opposition très vive.

*mieux cultivées retomber en friche, et la Nor-
mandie, cette belle et riche province, devenir
déserte.*

« La ville de Tours montre *les députés de tout
le royaume gémissans, et voit une commotion
qui occasione une convulsion dans le genre ner-
veux politique.* Reims présente sa requête signée
de plus de cinquante marchands, qui disent nettement qu'*on veut leur ôter leur pain.* Lyon ne
saurait se taire sur un projet *qui a répandu la
terreur dans toutes les fabriques.* Paris *ne s'est
jamais présenté pour une affaire aussi importante au pied du trône, que le commerce arrose
de ses larmes.* Amiens *regarde la permission du
port et usage des toiles peintes ou teintes comme
le tombeau dans lequel toutes les manufactures
du royaume doivent être anéanties.* Ce mémoire,
délibéré au bureau des marchands des trois
corps réunis, également nourri de choses et soutenu dans le style, est ainsi terminé : *Au reste,
il suffit pour proscrire à jamais le port et usage
des toiles peintes ou teintes que tout le royaume
frémisse d'horreur quand il entend annoncer*

qu'elles vont être permises... ***Vox populi, vox Dei !***

« On ne peut, sans pitié ou sans indignation, lire ce fatras, dont l'ignorance et l'audace forgeaient des volumes et remplissaient la France. Existe-t-il maintenant un homme assez insensé pour dire que les manufactures de toiles peintes n'ont pas répandu une main-d'œuvre prodigieuse, etc., etc. ? » [*]

Il ne faut pas se borner à des idées générales sur la liberté de l'industrie. Je discuterai avec soin cet important sujet.

Lorsqu'un gouvernement veut asservir l'industrie intérieure, les moyens qu'il emploie sont d'imposer des conditions pour être admis à travailler, et de déterminer les qualités que doivent offrir les produits.

[*] Extrait de l'*Encyclopédie méthodique*, partie *Manufactures, arts et métiers*, au mot *inspecteur*.

CHAPITRE V.

DES LOIS QUI IMPOSENT DES CONDITIONS POUR ÊTRE ADMIS A TRAVAILLER.

SECTION I.

Ces lois, inutiles pour former de bons ouvriers, sont funestes à la classe laborieuse, nuisibles à tous les consommateurs.

L'intérêt général, ainsi que l'intérêt particulier, veut que tout homme puisse gagner sa vie. Opposer, sans une évidente nécessité, des obstacles à l'exercice de l'industrie, c'est ouvrir des sources de misère, de vices et de troubles.

On peut obtenir, par des moyens légitimes et doux, ce qu'on tenterait vainement d'opérer par des lois gênantes et des réglemens oppressifs. Vous voulez qu'un état se peuple d'habiles ouvriers : rendez ses habitans laborieux, pour qu'ils travaillent; rendez-les intelligens, pour qu'ils travaillent bien.

J'éviterai de répéter ce que, dans d'autres ouvrages *, j'ai dit sur l'instruction populaire qui n'est pas moins utile à l'amélioration des mœurs qu'au perfectionnement des arts. Les enfans prennent, dans les écoles, des habitudes d'ordre et de travail, dont l'influence peut s'étendre sur leur vie entière. En général, les hommes dont les facultés ont reçu quelque développement, se respectent plus que ceux qu'on a laissés, dans leur jeunesse, se dégrader par la fainéantise et l'ignorance.

Il est des gens qui parlent de l'instruction d'une manière vague, et qui voudraient la répandre sans mesure et sans but. Ces gens ont sans doute beaucoup de zèle; mais leur ignorance des intérêts de la société en fait de véritables fléaux. Pour juger ce qu'il convient d'enseigner à des élèves, on doit examiner d'abord

* *De la Philosophie morale*, chap. xix. *Applications de la morale à la politique*, chap. viii.

à quelle destination il s'agit de les rendre propres. En procédant ainsi, on juge bientôt que, pour la classe ouvrière, il faut des connaissances très simples, qu'une instruction étendue, variée, enleverait des hommes à l'industrie, loin d'en former pour elle. On causerait un grand préjudice à la société, si l'on entraînait vers les collèges tous les enfans dont les dispositions paraissent remarquables. Combien, en effet, les progrès des arts ne seraient-ils pas retardés, si tous les jeunes gens très intelligens dédaignaient d'exercer des métiers et de travailler dans les fabriques? Ajoutons que la plupart de ces jeunes gens auraient une existence misérable, car ils ne pourraient ni se procurer des emplois ni retourner à des travaux manuels. La société, après avoir perdu les avantages qu'ils auraient pu lui procurer en se livrant à des arts utiles, souffrirait encore des désordres auxquels se livreraient tous ceux qui resteraient sans état, et sans ressources honnêtes pour gagner leur vie.

Il faut que les facultés de l'enfant du pauvre soient exercées par une instruction première, qu'il reçoive des notions morales, qu'il sache lire, écrire, compter, et s'il n'est pas destiné aux travaux de la campagne, qu'il connaisse les élémens du dessin. Après ces études, il est plus en état d'apprendre un métier. Pour un grand nombre d'opérations des fabriques, un apprentissage régulier n'est point nécessaire; pour les arts dont les difficultés exigent un véritable apprentissage, les conditions doivent en être libres.

Des ouvriers, plus intelligens que les autres, veulent se perfectionner dans leurs métiers. Les leçons de géométrie et de chimie appliquées aux arts, les cours spéciaux établis près de quelques manufactures, où l'on appelle des jeunes gens de différentes provinces, les écoles d'arts et métiers offrent des secours d'une haute utilité pour développer l'industrie.

Quand l'ouvrier est instruit, si la législation lui permet d'exercer son métier comme il veut, d'en changer, d'en réunir plusieurs, d'aller partout où les besoins du consommateur l'appellent, il trouve à gagner sa vie : en même temps, la concurrence l'oblige à ne rien négliger pour offrir, à bas prix, des ouvrages bien faits.

Dans beaucoup de pays, cependant, on conserve les apprentissages forcés, les maîtrises, les jurandes; il se trouve encore parmi nous des personnes qui regrettent ces institutions funestes, et j'ai vu des administrateurs assez dépourvus de lumières pour songer à les rétablir. Je ne crois pas même que de telles institutions aient été nécessaires pour guider les premiers pas de l'industrie. On a souvent donné des éloges aux réglemens de saint Louis. En effet, ils ne sont point dictés par un esprit fiscal, ils ont évidemment pour but de former d'honnêtes et bons ouvriers. Toutefois, on peut douter que les vrais moyens d'encourager les arts fussent connus à cette époque reculée. Ensuite, il serait démontré que ces réglemens ont contribué de la manière la plus heureuse à développer l'industrie naissante, devrait-on en conclure qu'ils sont également utiles quand l'industrie a pris l'essor? L'homme fait ne peut plus reposer dans le berceau qui fut si doux à son enfance.

Louis IX avait trouvé les corporations établies.
Il paraît qu'elles se formèrent pour résister à
l'oppression qu'exerçaient les seigneurs et les gens
de guerre. Je conçois que les artisans réunis
avaient plus de moyens, soit pour repousser les
vexations, soit pour faire entendre leurs plaintes.
Mais quand les lois règnent, quand on n'a point
à craindre la violence, les corporations ne font
plus qu'opposer des obstacles à ceux qui voudraient, en travaillant, partager leurs gains; et
de protectrices qu'elles étaient, elles deviennent
oppressives.

Les corporations telles que nous les avions
encore il y a quarante ans, ne furent point établies dans des vues d'intérêt public. Henri III
n'avait cherché que des ressources fiscales dans
les maîtrises et les communautés dont il couvrit
la France. Louis XIV obéré eut recours à des
moyens semblables : plus de soixante mille offices, tous onéreux pour l'industrie, furent
vendus sous son règne.

Le gouvernement hésitait d'autant moins à
multiplier de pareilles ressources, qu'il avait

d'étranges idées de ses droits. Les modifications successives que ces idées ont reçues, sont assez curieuses. Henri III, dans un édit de 1581, profère ces mots épouvantables : permettre de travailler *est un droit domanial et royal.* Louis XIV restreint cette prétention révoltante : *il n'appartient qu'aux rois,* dit-il, *de faire des maîtres des arts et métiers* (édit de 1691). Louis XVI, dans un édit de 1776, rappelle les paroles de Henri III, sans les attribuer à un roi, et dit : *Nous nous hâtons de rejeter une pareille maxime.*

Opprimer l'industrie pour avoir de l'argent, c'est, comme on l'a dit avec justesse, dévorer les semences qui devaient produire la récolte. Cependant, lorsqu'un ministre veut asservir l'industrie, si les lumières ne sont pas très répandues, il trouve aisément des complices parmi les hommes industrieux. Des entrepreneurs jugent que, s'ils possédaient le privilège exclusif de tel genre de travail, ils auraient moins de peine et plus de profit : ils consentent à payer ce double avantage ; et l'autorité leur vend un monopole, qu'ils exercent contre la classe laborieuse et contre le public.

Alors les ouvriers ne peuvent arriver à la maîtrise, s'ils manquent d'argent, ou si leur habileté inquiète les chefs des corporations. Une foule d'hommes sont condamnés à travailler, toute leur vie, au bénéfice d'autrui. Observons encore que le nombre des entrepreneurs étant restreint, il devient plus difficile aux ouvriers de se procurer du travail, et plus facile à leurs maîtres de baisser les salaires. Quelle complication d'iniquités ! combien de causes de misère et de vices !

Le public n'est pas moins victime du monopole. Il faut bien recouvrer sur les consommateurs l'argent payé à l'autorité. Supposons qu'elle n'en exige pas, qu'elle établisse les corporations dans des vues toutes paternelles, il y aurait encore à se faire rembourser des frais d'administration. La dépense qu'entraînaient les procès des communautés s'élevait, pour Paris, à plus de 800,000 fr. par an *. Supprimons, si l'on veut,

---

* *Observations sur les maîtrises et les jurandes*, par M. Vital Roux, page 24.

ces frais presque inévitables. Des gens investis d'un monopole, ne sont-ils pas libres d'élever le prix de leurs ouvrages ainsi qu'il leur convient?

Ces ouvrages plus chers sont moins bien faits que sous un régime de liberté. Pourquoi des monopoleurs s'efforceraient-ils de bien travailler? c'est d'eux seuls qu'on peut acheter. Vainement dirait-on qu'il y a concurrence entre eux. L'industrie languissait, faute d'émulation, dans les villes assujéties aux communautés. Les meilleurs ouvriers se trouvaient dans des faubourgs, sur lesquels ne s'étendaient pas les jurandes : ils étaient obligés de faire bien, à bon compte, sous peine de ne pas vendre; mais pour se procurer leurs ouvrages, il fallait s'exposer aux ennuis, aux dangers de la contrebande.

On ne peut établir des corporations sans diviser les branches d'industrie. Cette séparation est trop contraire à la nature des choses pour ne pas entraîner une multitude d'abus. Il faut des inspections, des visites, des perquisitions, d'où résultent perte de temps, vexations, débats, procès. Souvent le consommateur est obligé d'employer plusieurs ouvriers, lorsqu'un seul ferait mieux, plus vite, à plus bas prix. Quelquefois même il est impossible de faire exécuter les ouvrages qu'on desire. La France fut long-temps privée d'inventions ou de perfectionnemens relatifs à l'art de vernir, à la fabrication des papiers peints, à celle des instrumens de physique et de mathématiques, etc., parce que des hommes pleins de mérite étaient poursuivis par des corporations ardentes à soutenir qu'ils empiétaient sur leurs droits.

L'administrateur qui divise les branches d'industrie entre un certain nombre de privilégiés, ne saurait éviter d'être mauvais distributeur du travail. Les circonstances, les besoins et les goûts changent ; aussi n'est-il pas rare que , sous le joug des corporations, un genre d'industrie manque d'ouvriers, tandis qu'un autre en est surchargé. Avec la liberté, les ouvriers intelligens changeraient d'occupations ; mais quand les hommes sont parqués, ils peuvent être contraints de rester oisifs et souffrans, à côté de travaux qui les appellent. Vainement le public mal servi se plaint-il; ce n'est pas pour lui qu'existe l'industrie, elle est le patrimoine de quelques monopoleurs.

Souvent on a cité l'Angleterre où les arts florissent, et cependant où la plupart des villes ont des corporations. Le pseudonyme John Nickolls connaissait bien l'Angleterre; il dit : « On remarque que les pauvres sont plus nombreux, dans les villes où les manufactures sont incorporées, que dans les villes libres; la taxe des pauvres y est d'un tiers plus considérable...... Notre commerce aurait eu des progrès bien lents si partout on eût gêné l'industrie. Manchester, Leeds, Birmingham, où il n'y a point de corporation, ont le premier rang parmi nos villes de manufactures. La paroisse de Halifax a, depuis quarante ans, vu quadrupler le nombre de ses habitans; et plusieurs villes sujettes aux corporations ont éprouvé des diminutions sensibles... Les maisons situées dans l'enceinte de Londres se louent mal; tandis que Westminster, Southwark et les autres faubourgs prennent un accroissement continuel : ils sont libres; et

Londres a quatre-vingt-douze de ces compagnies exclusives de tous genres, dont on voit les membres orner, tous les ans, d'une pompe désordonnée, le triomphe du lord-maire. » *

Je me suis gardé d'attaquer un système vicieux, en rappelant ce que les réglemens avaient de plus absurde et de plus ridicule. En France, un serrurier ne pouvait fabriquer des clous. A Londres, il est interdit aux carrossiers de fabriquer des roues de voiture; mais les faiseurs de roues peuvent faire des voitures. Ces exemples bizarres, trop faciles à multiplier, ne prouvent rien sur le fond de la question. Il faut examiner les institutions en elles-mêmes, dégagées des abus qui n'en sont pas inséparables. En observant ainsi celles dont je parle, on reconnaît qu'elles établissent un monopole funeste à l'aisance de la classe ouvrière, à l'intérêt des consommateurs, au progrès des arts, aux mœurs qui se dépravent par les vexations et la misère.

* *Remarques sur les avantages et les désavantages de la France et de la Grande-Bretagne*, etc., pages 210 et 212.

*Ces lois sont-elles utiles pour prévenir la sura-
bondance des marchandises?*

Lorsqu'on jette un coup-d'œil autour de soi,
on est frappé de voir combien d'hommes ne peuvent se procurer des choses utiles ou même nécessaires, parce que le prix en est trop élevé
pour eux; et l'on desire que la quantité des
produits s'accroisse, afin que leur valeur diminue. Tous les hommes sont consommateurs; tous
ont intérêt, sous ce rapport, à ce que les produits soient nombreux. Chaque marchand qui
sollicite un monopole, ne veut d'exception à la
liberté que pour son commerce, et prouve ainsi
que la concurrence est réclamée par l'intérêt
universel.

Mais, disent les adversaires de cette opinion,
si l'on vient à fabriquer trop de telles marchandises, les entrepreneurs seront forcés de ralen-
tir, de suspendre ou même d'abandonner leurs
travaux; et les ouvriers qu'ils faisaient vivre
tomberont dans un état de gêne et de souf-

france. On prévient ces malheurs en confiant à des corporations l'approvisionnement de la société. Alors il n'y a plus à craindre de spéculation imprudente; les entrepreneurs, dont le nombre est limité, connaissent les besoins des consommateurs, les moyens d'y pourvoir; ils évitent de donner lieu à des encombremens qui compromettraient leur fortune, et qui seraient funestes aux ouvriers.

Cette manière de raisonner est étrange. On dit : Empêchons ces ouvriers de travailler, parce que leurs travaux pourraient n'avoir pas continuellement la même activité. Ainsi, pour les empêcher de se mettre un jour dans l'embarras, vous les y jetez vous-même dès aujourd'hui !

Certes, le monopole doit prévenir les encombremens, car ceux qui l'exploitent ont intérêt à maintenir les produits au-dessous de ce qu'exigent les besoins, afin de vendre toujours cher. La diminution de l'approvisionnement, l'élévation des prix, voilà les effets du monopole. Ces effets sont un mal général qui frappe le travail et la consommation de la société entière. Est-il raisonnable de s'y soumettre, pour éviter les inconvéniens partiels qui naissent d'un certain nombre de spéculations tentées imprudemment par l'ignorance ou la cupidité ?

Ce mal général est aussi le plus durable. Quand l'industrie est libre, aussitôt qu'elle éprouve un revers, chacun en cherche le remède; et comme les esprits ont de l'activité, comme on est maître d'employer toutes les ressources qu'on parvient à découvrir, les obstacles sont surmontés et les malheurs réparés aussi promptement qu'il est possible. Mais quand les corps et leurs priviléges sont établis, ces fléaux pèsent long-temps sur la société; on en gémit sans pouvoir les détruire. Ainsi, dans un système, j'aperçois des inconvé-niens partiels et momentanés; dans l'autre, je vois un mal général et permanent. Tout assuré-ment a ses dangers; mais plus j'y réfléchis, plus je suis frappé des désordres auxquels on livre la société, lorsqu'on préfère les maux qu'enfan-tent les priviléges à ceux qu'entraîne la concur-rence.

La crainte que les entrepreneurs ne se nuisent

les uns aux autres par la concurrence, est bien
moins raisonnable que celle de les voir nuire
à la classe ouvrière et au public par le monopole. Une multitude de gens souffrent des restrictions mises à la liberté, et peu en profitent.
Remarquons même que les membres des communautés se portent entre eux un préjudice ré-
ciproque. Les objets qu'ils achètent sont renchéris, aussi bien que ceux qu'ils vendent; en sorte
que les corporations sont, en dernier résultat,
rançonnées les unes par les autres.

M. de Sismondi regarde l'excès de fabrication
comme un des plus terribles fléaux qu'ait à re-
douter l'espèce humaine. Après qu'il s'est livré
sur ce sujet à de vives alarmes, on croirait qu'il
va redemander les corps et les communautés
dont *le résultat,* dit-il, *était tout ensemble de
limiter le nombre des producteurs et l'activité
de chacun d'eux, de manière à ce que la production ne surpassât jamais la demande, ou
même ne l'égalat jamais* *. Toutefois, M. de
Sismondi déclare que ceux qui veulent les réta-

* *Nouveaux principes d'économie politique,* tome I, p. 424.

blir sont absurdes * : il est convaincu que le remède entraînerait des maux plus grands que ceux qu'on voudrait prévenir. Ne nous faisons pas cependant illusion : si l'on refuse de se confier à l'intérêt, aux lumières, à la prudence des fabricans et des commerçans, pour prévenir l'excès de fabrication ou pour y remédier, si l'on ne croit pas que les moindres inconvéniens sont ceux de la concurrence, il faut recourir, soit aux corporations, soit à quelque autre moyen oppressif; car il faut nécessairement, pour limiter la production, asservir l'industrie. *Limiter la production !* Tout administrateur éclairé, intègre, doit frémir à ces mots qui signifient *diminuer le travail, et renchérir la consommation.*

Quelquefois on s'afflige avec raison de tel effet de la concurrence; mais on n'en est pas moins forcé de reconnaître ses avantages. Je choisis un de ces exemples que chacun peut avoir sous les yeux. Un homme honnête, père d'une famille nombreuse, fait une entreprise de voitures pour

---

* *Nouveaux principes d'économie politique*, tome I, p. 427.

transporter des voyageurs et des marchandises de tel point à tel autre. Plusieurs années s'écoulent; son établissement prospère; sa famille est heureuse. Un concurrent vient tout-à-coup lui enlever une partie de ses bénéfices, et mettre ainsi sa fortune en péril. On plaint cet homme à qui l'on s'intéressait, et dont le bien-être est compromis. Cependant, si le nouvel entrepreneur l'emporte sur l'ancien, malgré l'avantage que donnent les relations formées dès long-temps, c'est sans doute qu'il sert le public d'une manière plus rapide ou plus commode ou moins chère. Combien de voyageurs, de marchands, de consommateurs profitent de ces améliorations, en recueillent des bénéfices ou de l'agrément! Fallait-il les en priver, empêcher le nouvel entrepreneur de gagner sa vie et celle de sa famille? fallait-il s'opposer aux progrès d'un genre d'industrie, à la facilité des communications; et tout cela pour que l'ancien entrepreneur pût à son aise continuer de s'enrichir, sans améliorer son établissement? Observons qu'on ne met point obstacle à ce qu'il redouble d'efforts; qu'on l'y excite même; qu'il peut perfectionner à son tour, et recouvrer l'avantage. Sans doute on n'aurait pas à le plaindre, s'il eût joui d'un privilège; mais il faudrait plaindre d'autres hommes aussi honnêtes et plus intelligens, qu'il empêcherait de travailler ou forcerait à travailler pour lui. Toujours il faut écouter la justice, et la justice veut que chaque homme recueille les fruits de son industrie. Dans les pays où la concurrence est interdite, on condamne l'intelligence et l'activité au profit de l'ignorance et de la paresse.

SECTION III.

Ces lois sont-elles de bons moyens de police?

Lorsqu'on met l'industrie sous le joug des corporations, on peut avoir pour but de prévenir les faillites, les banqueroutes, d'opposer des obstacles à la fraude, et de maintenir l'ordre dans la classe ouvrière.

Le monopole réduisant le nombre des entrepreneurs, il est possible qu'on voie moins de

faillites que si chacun était libre de tenter la fortune. C'est à-peu-près comme si l'on faisait observer que la mortalité doit être moins grande
sur dix individus que sur trente.

Les corporations, très sévères quand il s'agit
d'admettre les hommes dont le talent les inquiète, sont fort indulgentes pour ceux qui ne leur
portent point ombrage. J'accorde néanmoins que
ce régime peut éloigner des affaires un certain
nombre de gens tarés, d'imprudens et même
d'ignorans, qu'il peut donc empêcher quelques
hommes de courir à leur perte. Mais, pour obtenir cet avantage, quelle foule d'autres hommes
il met dans l'impossibilité de gagner leur vie ou
d'accroître leur bien-être par d'honorables entreprises! Que de victimes, depuis ces pauvres
ouvriers auxquels on interdit le travail, ou qu'on
réduit à vivre d'un modique salaire, jusqu'à ces
riches capitalistes et ces ingénieux inventeurs,
qui ne peuvent se livrer à des travaux dont la société entière partagerait avec eux les fruits! Un
pareil régime empêche quelques individus sans
probité de spéculer, et de voler des commerçans

honnêtes; mais c'est en donnant à d'autres hommes le privilège de dépouiller ou de rançonner tous leurs compatriotes. Si la société est garantie de quelques délits, qu'on préviendrait ou qu'on réprimerait par de sages lois sur les faillites et les banqueroutes, combien les obstacles opposés à l'exercice de l'industrie ne répandent-ils pas de misère, de vices et de crimes?

On sait à quel point était illusoire la surveillance des corporations pour s'assurer de la bonne foi des vendeurs. Je ne rappellerai pas que souvent les chefs des communautés employèrent pour faire impunément la fraude, l'autorité qui leur était confiée pour la réprimer; mais je demande si ce n'est pas une fraude permanente que le surhaussement de tous les prix qui résulte du monopole. On craint que les fabricans, les ouvriers ne trompent quelquefois le public; et on leur donne les moyens de le tromper sans cesse, en les débarrassant de la concurrence.

Quelques personnes ont prétendu que les communautés sont nécessaires pour maintenir l'ordre dans la classe nombreuse. Lorsqu'on examine d'abord la police ordinaire des ateliers, lorsqu'on porte ensuite ses regards sur les temps de troubles politiques, on voit que les corporations sont tantôt inutiles et tantôt dangereuses.

Ce n'est point un sûr moyen de rendre les hommes faciles à conduire que de leur donner l'esprit de corps. Autrefois, les compagnons *damnaient* une boutique, une ville; tous alors en sortaient. Leur association n'est pas éteinte: aussi paraît-elle encore dans les tumultes assez rares qu'excitent des ouvriers. Il importe qu'un atelier ne puisse être subitement abandonné, que les ouvriers remplissent leurs engagemens envers leurs maîtres, et ne viennent point réclamer, par des moyens coupables, la hausse des salaires. Les lois françaises, sur tous ces points, sont sévères, mais justes; elles ne blessent pas la liberté de l'industrie, elles méritent d'être citées pour modèle. *

* On peut en prendre connaissance dans un recueil intitulé : *Lois et instructions ministérielles relatives aux manu-*

Plus d'une page de notre histoire prouve que, dans les temps difficiles, les corporations peuvent être des foyers de troubles. Marcel leva trois mille hommes dans les corps d'arts et métiers. Charles VII, menacé par les communautés, prit le parti de les dissoudre ; mais leur suppression ne fut que momentanée : on les voit reparaître, en armes, dans la Ligue et dans la Fronde.

SECTION IV.

De quelques restrictions nécessaires à la liberté de l'industrie, dans l'intérieur de l'état.

Souvent on a pris la liberté pour un but ; elle n'est qu'un moyen, le but est le bonheur social. Si donc la liberté se trouve en quelques points opposée à l'intérêt public, elle doit subir des restrictions. Mais, comme il est évident, pour les esprits justes, qu'un régime libre est le seul favorable à l'industrie, il faut que la nécessité des

factures, etc., publié par M. A. Costaz. On peut consulter aussi l'ouvrage de M. Chaptal sur l'*Industrie française*, tome II, 4ᵉ partie, chap. x.

exceptions ait de même un caractère d'évidence.

Par exemple, il est évident qu'on ne peut laisser libre une profession qui consiste à préparer des médicamens et qui permet de vendre des poisons. Ceux qui veulent l'exercer doivent à la société une garantie de leurs lumières et de leur probité.

Il serait à desirer qu'on ne limitât jamais le nombre des personnes qui pourront être admises dans les professions pour lesquelles on exige des garanties. Plus ces professions réuniraient d'hommes instruits et probes, mieux le public serait servi. On craint que les bénéfices venant à se diviser, quelques individus ne recourent à des moyens illicites pour les accroître; mais le moyen employé pour prévenir ce danger tend à corrompre des corps entiers. En limitant le nombre des places, on crée des charges dont le prix devient exorbitant. Alors que d'intrigues pour se procurer les sommes nécessaires à leur acquisition ! Combien de spéculations sur l'acte de la vie qui devrait le moins en être une ! S'il a fallu emprunter, on se trouve entre ses créanciers et ses cliens, qu'on rançonne pour s'acquitter. Si l'on possédait la somme exigée, il faut que le public en paie chèrement l'intérêt. Ces avances énormes annoncent une fortune qui permet, qui commande de grandes dépenses. Que de pièges tendus aux titulaires ! De quels moyens plus sûrs pourrait-on faire usage, si l'on voulait exciter des hommes à devenir avides, à mépriser le désintéressement, à fermer leur âme à la délicatesse ?

Sans établir des corporations, on produit une partie de leurs funestes effets lorsqu'on limite le nombre des entrepreneurs. Les grandes villes échappent difficilement à cet abus. Le pain, la viande, le charbon, les fiacres, etc., sont presque toujours soumis à des monopoles, sans qu'aucune loi autorise une pareille violation de la liberté individuelle et de l'intérêt public. On accroît ainsi la fortune de quelques marchands aux dépens des consommateurs. Est-ce par crainte que les approvisionnemens ne viennent à manquer ? Cette crainte serait puérile. Lorsqu'il y a dans un pays de l'industrie et des acheteurs, il est impossible que les demandes ne soient pas satisfaites. Est-ce pour obliger les marchands à remplir des conditions qu'exigent le bon ordre et l'intérêt général? Il serait juste et facile de soumettre à ces conditions tous ceux qui voudraient exercer certains métiers. Est-ce pour lever un impôt? La concurrence n'empêcherait pas de percevoir une taxe qui, peut-être, deviendrait plus lucrative.

Les hommes qui nous apportent des produits ou des procédés nouveaux, ont le droit de recueillir le fruit de leur talent ou même d'un heureux hasard. Quelques personnes voudraient que le gouvernement achetât les inventions utiles, pour les répandre sans retard. C'est une de ces idées spécieuses qui ne peuvent se réaliser. En général, ou le gouvernement donnerait trop, ou l'inventeur recevrait trop peu; une des deux parties serait lésée. D'autres personnes voudraient qu'une invention ne cessât jamais d'appartenir à son auteur. Mais il n'est pas le seul qui pouvait s'élever à cette découverte; et le champ que parcourt l'intelligence ne doit pas se diviser en propriétés particulières. Les lois concilient sagement les divers intérêts, en accordant aux auteurs de découvertes un privilège exclusif, mais temporaire. On donne aussi des brevets de perfectionnement et d'importation. Ces derniers sont peut-être plus nuisibles qu'utiles lorsque les communications sont devenues faciles, que les capitaux sont abondans, et que les esprits ont une grande activité.

En général, les gouvernemens se réservent quelques fabrications. Je n'en vois qu'une seule qui, dans l'intérêt général, doive nécessairement appartenir à l'état : c'est celle des monnaies. Quoique plus d'un prince en ait abusé d'une manière honteusement criminelle, l'état donne une garantie plus sûre que ne pourraient le faire des particuliers, lorsqu'il appose sur les monnaies l'empreinte destinée à constater leur valeur.

Quand les gouvernemens s'emparent d'une fabrication, ils dépouillent les producteurs et servent mal les consommateurs. Pourquoi, en France, l'autorité fait-elle seule fabriquer la poudre ? Ma question ne peut surprendre que ces gens toujours persuadés que les choses ne sauraient se passer autrement qu'elles se passent sous leurs yeux. En laissant libre ce genre d'industrie, comme il l'est en Angleterre, on a de la poudre en plus grande abondance, moins chère et meilleure. Il suffit de prévenir les dangers de cette fabrication, en la soumettant à des réglemens, de même qu'il en existe pour les manufactures insalubres ou incommodes.

Si l'autorité se mêle d'un genre d'industrie, j'excepte les monnaies, elle doit laisser du moins la liberté d'entrer en concurrence avec elle. Ainsi la France a ses ingénieurs des ponts-et-chaussées ; mais les particuliers peuvent charger de leurs travaux des hommes étrangers à ce corps. Si l'on ne doit point oublier quels services ont rendus aux sciences, à l'industrie, les corps tels que celui dont je parle, il faut avouer qu'ils deviennent moins utiles à mesure que les lumières se répandent. On peut même demander s'ils ne finiront point par retarder les progrès qu'ils ont d'abord accélérés. En effet, il doit se former peu d'ingénieurs libres, parce qu'ils ont à craindre de n'être pas employés; et ce sont eux, cependant, qui porteraient dans les travaux le plus d'activité et de soins. Qu'un ingénieur échoue dans une entreprise, s'il appartient à un corps, il n'en conserve pas moins son grade et ses appointemens ; libre, il aurait tout perdu.

CHAPITRE VI.

DES LOIS QUI RÈGLENT LES QUALITÉS QUE DOIVENT AVOIR LES PRODUITS.

SECTION I.

Les réglemens ne sont pas utiles pour assurer la bonne fabrication.

On peut considérer la fabrication en elle-même, et chercher de quelles qualités résulterait sa bonté absolue ; on peut la considérer dans ses rapports avec les goûts des consommateurs, et s'occuper des qualités qui lui donnent une bonté relative.

Un administrateur choisit-il le premier point de vue, pour tracer des réglemens ? Prétend-il indiquer la meilleure fabrication possible ? D'où la connaît-il ? Qui la lui a révélée ? La bonté qui nous paraît absolue est elle-même relative. La fabrication la moins imparfaite aujourd'hui peut être dès demain surpassée. Singulier moyen de perfectionner les arts que de leur interdire les perfectionnemens !

Pour qu'il naisse de très beaux produits, il faut que l'instruction se répande, et que le talent s'exerce en liberté. Les réglemens agissent en sens contraire de l'instruction et du talent. Puis, sans sortir de mon sujet, je ferai remarquer qu'on ne doit pas attacher à la beauté des marchandises une trop haute importance. Il est sans doute essentiel d'avoir une certaine quantité de très beaux produits ; ces merveilles de l'industrie sont admirées de l'étranger, et la réputation des fabricans attire les acheteurs. Ajoutons qu'une manufacture perfectionnée en améliore beaucoup d'autres. L'imitation fait parvenir, de proche en proche, dans les manufactures inférieures, les procédés qui rendent leurs ouvrages plus utiles ou plus agréables. On finit par offrir aux classes les moins riches des étoffes mieux faites, des meubles de meilleur goût, et l'air d'aisance qui

flatte de plus en plus les regards, atteste le bien-
être d'une population nombreuse. Non-seulement
il faut de la liberté pour obtenir des produits
très beaux, mais, pour qu'on les imite; il faut
encore de la liberté. Sans l'influence que ces produits très perfectionnés exercent sur les autres,
ils ne mériteraient pas un grand intérêt; ils servent à peu de personnes, et leur valeur est
faible dans la masse des richesses. Les chefs-
d'œuvre de la typographie, par exemple, sont
des monumens élevés à des écrivains célèbres;
une pareille destination suffirait pour les rendre
précieux, et ce sont aussi des modèles qui servent
à perfectionner un des arts les plus remarquables. Mais, sous d'autres rapports, ces ma-
gnifiques volumes sont presque inutiles. On im-
prime des livres pour répandre l'instruction, et
pour accroître la richesse commerciale. Sous ce
double point de vue, les chefs-d'œuvre typo-
graphiques ont bien peu d'importance, comparés
à cette multitude de volumes qui circulent dans
un si grand nombre de mains, et qui font vivre
tant de milliers d'ouvriers. Nos expositions des

produits de l'industrie excitent l'émulation des fabricans, elles procurent des avantages très légitimes à ceux dont la supériorité est publiquement reconnue; mais il y aurait une exposition plus intéressante, plus propre à donner une idée de nos richesses : ce serait celle des produits utiles à la classe nombreuse, qui peuvent être fournis en abondance et à bon marché.

Au lieu de chercher la bonté absolue, l'administrateur qui fait des réglemens veut-il mettre la fabrication en rapport avec les goûts des consommateurs? Je demande comment il peut savoir les desirs que nous aurons : il ne sait pas même ceux que nous avons. L'éclat, la solidité, le bas prix sont trois qualités des produits, dont chacune doit, aux yeux d'un certain nombre d'acheteurs, l'emporter sur les deux autres.

Un pays bien approvisionné est celui où l'on trouve des marchandises tellement variées, qu'il en existe pour tous les goûts et pour tous les degrés de fortune. Lorsqu'il s'agit de connaître les besoins, d'en éveiller de nouveaux, rien ne supplée à l'intérêt des manufacturiers et des commerçans. On ne peut concilier, avec des goûts changeans, des réglemens immobiles.

Dire que l'autorité fera des réglemens nouveaux, selon les besoins du commerce, c'est dire une absurdité. Des modifications continuelles sont nécessaires dans un grand nombre de fabriques. L'administration ne peut agir qu'après avoir recueilli des renseignemens nombreux, qu'il faut examiner, puis discuter ; et quand les opinions opposées ont été suffisamment débattues, quand on prononce qu'un réglement nouveau remplacera l'ancien, les goûts qu'il fallait satisfaire n'existent plus, ou le commerce a dirigé ses demandes vers une autre contrée.

On ferait une longue nomenclature des branches de négoce que l'industrie française perdit, ou ne put acquérir, lorsqu'elle était soumise aux réglemens. Nos commerçans envoyaient des ciseaux non trempés au Levant et dans la Perse. Plusieurs villages du Forez devaient l'aisance à cette industrie qui leur fut interdite, parce que, disait-on, la coutellerie trempée est la seule qui soit bonne. Non-seulement les ciseaux trempés parurent trop chers aux Orientaux; mais, comme ils étaient plus cassans, ils étaient réellement moins bien fabriqués pour eux. Des ingrédiens de *petit teint* étaient nécessaires pour donner, à des étoffes du Languedoc, les couleurs tendres qui plaisaient aux Levantins : nos réglemens défendaient ce genre de teinture ; les Anglais l'employèrent et vendirent. Nous ne pouvions fabriquer des *pannes* qu'en poil de chèvre ; les Anglais en fabriquèrent en laine, à trente pour cent meilleur marché ; ils eurent seuls du débit à l'étranger. Les Espagnols demandèrent à nos manufactures des draps et des velours, dans des dimensions qui n'étaient pas celles que prescrivaient les réglemens. Il fallut renvoyer ces demandes : les Espagnols les portèrent aux Anglais, qui se trouvaient toujours là pour profiter des fautes de nos ministres.

Le nom de Colbert couvrit long-temps, aux yeux de beaucoup de personnes, les vices des réglemens. Gardons-nous d'accuser avec légèreté ce grand homme. Nous ne pouvons connaître comme lui dans quelle situation il trouva la

France, et de quelles ressources il pouvait disposer pour améliorer, que dis-je? pour créer l'industrie, car nous n'avions que de grossières fabriques. La population à laquelle s'adressait le ministre de Louis XIV, était fort différente de celle qui nous entoure; son intelligence était bien moins développée, l'instruction était bien plus difficile à répandre. Colbert se proposa deux objets : il voulut enseigner la fabrication aux Français, et faire connaître à l'étranger les produits de leurs manufactures nouvelles. Ses réglemens, qui depuis ont retenu l'industrie sous le joug de la routine, combattaient alors la routine. Toutefois, était-il impossible de développer l'industrie par des moyens plus sages que ceux dont se servit Colbert? Ses enthousiastes l'affirment; je suis loin de l'assurer. Colbert fut, ce me semble, trop frappé de l'idée que, pour inspirer aux étrangers une pleine confiance dans nos talens et dans notre bonne foi, il fallait que nos produits fussent toujours uniformes. Cette idée fausse l'empêcha de remédier aux vices du régime réglementaire, soit en admettant la concurrence de la fabrication libre, soit en n'attachant aux réglemens que l'importance qu'on accorde à des mesures transitoires. Peut-être aussi le plus grand mal est-il que ce ministre n'ait pas assez vécu pour achever ses travaux. Son instruction de 1669 annonce qu'il n'avait point une aveugle confiance dans la lettre des réglemens. L'homme d'état qui voulut toujours donner des véhicules à l'industrie, n'eût pas laissé subsister ceux qu'il aurait vus se transformer en entraves. Peut-être les arts auraient-ils reçu de son génie la liberté, comme ils en avaient reçu les premières instructions.

Les successeurs de Colbert, loin d'être ses dignes héritiers, exploitèrent l'industrie dans des vues fiscales. Cependant, à mesure que les lumières se répandaient, les réclamations devenaient plus nombreuses. En 1779, le gouvernement autorisa la fabrication libre, en réservant une marque aux marchandises conformes aux réglemens. La fabrication libre fut généralement préférée ; mais l'intérêt d'un certain nombre d'individus, leur crédit et leurs intrigues, firent bientôt replonger l'industrie dans le chaos des réglemens.

Les succès d'un peuple voisin auraient dû, cependant, éclairer l'administration française. Une des grandes causes de la prospérité des Anglais, c'est qu'ils ont joui, bien avant nous, de la libre fabrication. Au dix-septième siècle, leur révolution fit disparaître les réglemens ; leurs manufacturiers n'eurent à consulter que les goûts des acheteurs ; et nous les avons vus s'emparer de nombreux débouchés que nous fermait la routine. On comparait nos fabricans à des hommes qu'on chargerait de fers, et qu'on enverrait disputer le prix de la course.

SECTION II.

Les réglemens sont de mauvais moyens pour prévenir les fraudes.

Lorsqu'on prescrit les qualités que chaque marchandise doit offrir, et qu'on a de nombreux agens pour vérifier si les produits ont réellement toutes ces qualités, les acheteurs peuvent se trouver garantis de quelques fraudes. C'est un avantage trop acheté par les inconvéniens que nous venons d'observer, et par les vexations qui sont inévitables dès qu'on essaie de faire exécuter les réglemens.

La génération actuelle conserve à peine une idée de l'oppression qui pesa sur l'industrie française. « J'ai vu, dit un inspecteur des manufactures, j'ai vu couper par morceaux, dans une seule matinée, quatre-vingt, quatre-vingt dix et jusqu'à cent pièces d'étoffes. J'ai vu renouveler cette scène, chaque semaine, pendant nombre d'années. J'ai vu confisquer plus ou moins de marchandises, avec amendes ; j'en ai vu brûler en place publique, les jours de marché; j'en ai vu attacher au carcan, avec le nom du fabricant, et menacer celui-ci de l'y attacher lui-même, en cas de récidive. J'ai vu tout cela à Rouen ; et tout cela était voulu par les réglemens, ou ordonné ministériellement ; et pourquoi ? Uniquement pour une matière inégale, ou pour un tissage irrégulier, ou pour le défaut de quelque fil en chaîne, ou pour celui de l'application d'un nom, quoique cela provînt d'inattention, ou enfin pour une couleur de faux teint, quoique donnée pour telle....

« J'ai vu faire des descentes chez des fabricans, avec une bande de satellites, bouleverser leurs ateliers, répandre l'effroi dans leur famille, couper des chaînes sur le métier, les enlever, les saisir; assigner, ajourner, faire subir des interrogatoires, confisquer, amender, les sentences affichées, et tout ce qui s'ensuit, tourmens, disgrâces, honte, frais, discrédit, et pourquoi? Pour avoir fait des pannes en laine, qu'on faisait en Angleterre, et que les Anglais vendaient partout, même en France, et cela parce que nos réglemens ne faisaient mention que des pannes en poil. J'en ai vu user ainsi pour avoir fait des camelots en largeurs très usitées en Angleterre, en Allemagne, etc., et d'une abondante consommation en Espagne, en Portugal et ailleurs, demandées en France par nombre de lettres vues et connues; et cela parce que les réglemens prescrivaient d'autres largeurs... J'ai vu tout cela et bien pis, etc. » *

* *Encyclopédie méthodique*, au mot *Manufactures*.

Le nombre et la continuité de ces vexations prouvent que les réglemens, leurs sbires et leur justice arbitraire, ne font pas régner la bonne foi. Je dis plus ; si cette guerre de l'administration contre l'industrie prévenait ou réprimait quelques fraudes, elle en faisait naître d'autres. Un régime sous lequel les hommes industrieux sont traités avec indignité, ne saurait les disposer à la délicatesse. Pour répandre la probité, la franchise parmi les hommes, ce sera toujours un mauvais moyen que de les dégrader. Cette inquisition excite le desir de s'y soustraire ; elle en prépare elle-même les moyens : ses agens ne font pas un métier assez honorable, assez lucratif, pour qu'on les trouve difficiles à se laisser séduire ; et tout cet appareil de surveillance donne aux acheteurs une sécurité qui les rend plus faciles à tromper.

Heureusement, les progrès de l'industrie défendent sa liberté. On pouvait, autrefois, dire à des manufacturiers : Vous emploierez telle espèce de laines pour fabriquer des étoffes de telle qualité. Cela n'est pas possible aujourd'hui que nos laines sont si variées, et que la main d'œuvre donne avec des laines semblables, des produits si divers. C'est moins que jamais, par des mesures vexatoires qu'on peut opposer des obstacles à la mauvaise foi.

Il faut d'abord se demander en quoi consiste la fraude. Celle qui ne résultait que de la violation des réglemens était illusoire; c'était un délit créé par les lois. Qu'un homme fabrique de la manière qu'il juge convenable aux goûts des consommateurs et à ses intérêts, il agit sagement ; il ne devient un fraudeur que dans le cas où il veut faire passer ses produits pour différens de ce qu'ils sont en réalité. Ce principe incontestable, dispose des esprits éclairés à croire qu'on doit laisser toute liberté de fabrication ; mais qu'il faut, par une juste surveillance, s'assurer de la bonne foi des vendeurs. Cette opinion ne doit être ni rejetée ni adoptée aveuglément; il est quelquefois très utile d'en profiter, il serait fort dangereux d'en abuser.

A Dieu ne plaise que je parle avec légèreté de la fraude, telle que l'explication précédente nous la fait concevoir! La fraude dégrade ceux qui s'y livrent, nuit aux consommateurs, et porte préjudice aux commerçans honnêtes, dont les marchandises peuvent rester en magasin, tandis que des fripons attirent le public par des prix modiques en apparence, ou par d'autres appâts mensongers. Cependant, il y aurait une insigne folie à tenter de prévenir toutes les fraudes par des actes de surveillance ; ce serait, sans atteindre le but, désoler l'industrie. Si les cabaretiers, gens qui par état servent des ivrognes, répugnent aux visites des agens du pouvoir, que serait-ce de commerçans honorables ? N'allons pas, sous prétexte de leur porter secours, les opprimer de la manière la plus révoltante. Mais ensuite, pour prévenir toutes les fraudes, ce serait peu de visites fréquentes dans les ateliers, dans les boutiques et dans les magasins ; il faudrait, à côté de chaque acheteur, placer un surveillant du vendeur ; et ce moyen impossible ne suffirait pas encore si, comme il arriverait sans doute, une partie des surveillans n'étaient pas très instruits et très fidèles.

Il existe une surveillance naturelle de l'acheteur sur le vendeur. Quand l'industrie est libre, cette surveillance s'exerce mieux, les acheteurs donnent plus d'attention aux produits, ils ont généralement plus de connaissances que sous une administration qui se charge de tout régler, de tout prévoir et de tout garantir. On doit s'informer de la réputation des marchands; et non-seulement il faut quitter ceux par qui l'on est trompé, mais on a tort si, par une indulgence mal entendue ou par une vaniteuse indifférence, on se tait sur leur conduite. Il y a plus de franchise et de fermeté, plus de soins des particuliers pour le public sous un régime de liberté, que sous celui où l'on craindrait, en se plaignant, de paraître seconder une honteuse surveillance. Des hommes pour qui la morale n'est pas un vain mot, regardent comme un devoir de prouver, en toute occasion, à la classe laborieuse que la mauvaise foi fait gagner un peu et perdre beaucoup. L'instruction aussi devrait rendre cette vérité populaire. L'instruction, si négligée, si nulle pour la classe nombreuse, contribue sous deux rapports à rendre les hommes probes : elle met à leur portée plus de moyens honnêtes de gagner leur vie, elle leur apprend à mieux juger leurs intérêts.

Je sais que les mœurs sont lentes à se former, et que la surveillance naturelle, dont je viens de parler, ne suffit pas toujours. Lorsque deux circonstances se réunissent, lorsqu'une qualité est indispensable à une marchandise, et que l'acheteur ne peut constater l'existence de cette qualité, l'administration peut être obligée de donner une garantie contre la fraude. Ainsi la marque des ouvrages d'or et d'argent est nécessaire.

Lorsque ces deux circonstances sont réunies, il faut encore que les moyens de surveillance ne livrent pas aux vexations les ateliers. En achetant une étoffe, nous ne pouvons reconnaître si la couleur est de *bon teint*. Qu'on oblige les fabricans à nous indiquer, par des lisières ou des fils, les différens teints, j'approuverai cette disposition ; mais si l'on dit que ce n'est point assez, qu'il faut des agens, des visites pour s'assurer que les indications sont exactes , je repousserai cette inquisition. Qu'un juge puisse ordonner une descente chez le fabricant ou le marchand contre lequel il y a des plaintes, je le conçois; mais je ne concevrais pas que tous les hommes industrieux fussent soumis à des perquisitions odieuses, parce qu'il se trouve quelques fripons parmi eux. On chercherait vainement un régime sans inconvénient; et puisqu'il faut choisir entre des abus, préférons l'impunité de quelques fraudes à l'asservissement de l'industrie.

SECTION III.

Conclusion de ce chapitre et des deux précédens.

J'ai long-temps occupé mes lecteurs de la liberté de l'industrie dans l'intérieur de l'état, parce qu'elle est la base la plus solide d'une abondante formation et d'une bonne distribution des richesses. Les grandes causes de la prospérité de notre patrie sont la division des propriétés, et la suppression des communautés et des régle-

mens. Aussi long-temps que la France jouira de
ces avantages, il y aura pour sa population de
l'aisance et du bonheur. Si, dans une contrée
privée de ces avantages, d'autres causes parvien-
nent à développer l'industrie, les richesses seront mal distribuées, on verra l'odieux contraste
de l'opulence de quelques-uns, et de la misère
du grand nombre.

Dans les états où le travail est embarrassé par
les apprentissages forcés, les maîtrises, les corporations, les réglemens, le plus important service qu'ait à rendre un administrateur intègre,
est de faire disparaître ces causes de souffrances
et de dépravation. Bien que les changemens
brusques soient rarement utiles, un sage ministre
ne doit point hésiter sur cette réforme urgente.
Les seules précautions qu'il ait à prendre sont
de pourvoir au remboursement des offices, et
d'assurer le paiement des dettes contractées
par les communautés. La suppression des entraves dans l'intérieur de l'état, est d'autant
plus essentielle qu'il est tout autrement difficile,
ainsi que nous le verrons bientôt, d'établir la

liberté du commerce extérieur. Lorsqu'il n'existe pas de corporation, les douanes ont moins d'influence sur les prix; il reste une certaine concurrence parmi les vendeurs; mais quel fardeau pèse sur la consommation, quand on a les douanes aux frontières et le monopole dans l'intérieur !

Après que les entraves sont détruites, il faut se mettre en garde contre les intérêts privés qui bientôt essaient d'en faire rétablir quelques-unes, sous divers prétextes. Ce qu'un premier réglement a de plus fatal, c'est qu'il sert à prouver l'utilité d'un second, et celui-ci la nécessité d'un troisième.

CHAPITRE VII.

DES DIFFÉRENS GENRES DE COMMERCE.

Avant d'examiner les effets de la liberté dans ses rapports avec l'industrie étrangère, je dois offrir quelques observations relatives au commerce.

Nous avons vu que si chaque famille essayait de produire elle-même tout ce qu'exigent ses besoins, le dénûment serait universel. Quand la division du travail existe, les produits se multiplient; une puissance bienfaisante, l'*échange*, vient les rapprocher, et les distribuer de manière à satisfaire des besoins variés.

On appelle communément *achats, ventes,* les échanges dans lesquels intervient la monnaie. Ces nuances du langage sont utiles; mais, quel que soit l'objet qu'on donne pour en avoir un autre, on fait toujours un échange.

Un préjugé non moins funeste qu'absurde a fait imaginer que, si deux personnes concluent ensemble un marché, l'une ne peut gagner sans que l'autre perde. Ce préjugé, source de haines entre les peuples, et de vexations multipliées pour l'industrie, est né des idées fausses sur les richesses, de l'ignorance ou de l'oubli de ce fait que le mouvement commercial a pour but de satisfaire les besoins des hommes. Lorsque deux personnes font un échange, un intérêt mutuel les a rapprochées; elles ont mis, pour ainsi dire, en présence deux objets, par exemple, un meuble et une pièce d'or; chacune d'elles cède l'objet qui lui convient le moins, pour obtenir celui qu'elle préfère; chacune trouve donc un avantage et gagne à faire cet échange.

Dans une peuplade, il est possible que chaque individu fasse directement tous ses échanges; mais lorsque la civilisation se développe, s'il fallait que le consommateur allât dans les diverses manufactures demander les marchandises qui lui sont utiles, le temps qu'il perdrait, les dépenses qu'il ferait pour se transporter d'un lieu à un autre, renchériraient prodigieusement ses achats; et de quelle foule d'objets il serait trop éloigné pour se les procurer jamais! Le manufacturier ne serait pas moins embarrassé pour ses approvisionnemens, pour ses ventes et ses rentrées; sans cesse détourné des travaux qui réclament son temps, il aurait peu de produits et peu de bénéfice. La division du travail donne au consommateur, au manufacturier, un intermédiaire utile à tous deux : c'est le commerçant.

Les échanges s'opèrent, soit entre les habitans d'un même pays, soit entre eux et les habitans des autres contrées : le commerce est *intérieur* ou *extérieur*. Il se divise encore. Le plus simple est celui qui se fait en achetant des marchandises dans les fabriques pour les revendre, par petites parties, aux consommateurs. Bientôt, un nouvel intermédiaire s'établit entre les manufactures et le commerce qui vend leurs produits *en détail* : cet intermédiaire est le commerce *en gros*. Au-dehors, il est de deux espèces : en général, il exporte des marchandises nationales, il importe des marchandises étrangères; c'est le commerce *extérieur de consommation :* quelquefois, il achète des produits étrangers pour les vendre dans un autre pays étranger; c'est le commerce *extérieur de transport.*

L'esprit de système a fait préconiser tour-à-tour, aux dépens l'un de l'autre, le commerce intérieur et le commerce extérieur. Rien n'est moins sensé que de méconnaître l'importance de tous deux. Cependant ils ne sauraient être égaux en avantages; il est donc naturel d'examiner quel est celui qui concourt le plus directement au but de l'économie politique, c'est-à-dire à répandre l'aisance.

Un commerce est d'autant plus utile qu'il met en activité plus de travail, puisque c'est le travail qui multiplie les objets de consommation et les moyens de les acquérir. Le commerce qui donne ces résultats, au plus haut degré, est incontestablement celui qui se fait entre les habitans d'un vaste pays, dont les uns produisent des denrées, des matières premières, et dont les autres fabriquent ces matières. C'est là le négoce qui fait vivre le plus grand nombre d'hommes. Les capitaux et le travail employés par le commerce extérieur sont faibles, comparés à ceux que met en mouvement le commerce intérieur : donnons la preuve mathématique de cette vérité.

M. Chaptal évalue la totalité des produits de la laine en France, à . . . . . 228 millions,
l'exportation, à 21
Reste pour la consommation intérieure . . . . 217 *. Ainsi, pour cette branche de notre industrie, le travail qu'entretient le commerce intérieur est à celui qu'emploie le commerce extérieur, à-peu-près comme 11 est à 1. La soie, étant moins nécessaire et plus chère que la laine, a besoin d'un marché plus étendu. Nous consommons des soies

---

* *De l'Industrie française*, tome II, page 133.

Dans ces sortes de calculs qui ne peuvent être qu'approximatifs, je supprime les fractions, puisqu'elles sont nécessairement inexactes.

dans une proportion moins forte. Cependant les calculs du même auteur * prouvent que cette consommation est à l'exportation au-delà de ce que $2\frac{1}{2}$ sont à 1. On le voit, une contrée florissante est, pour elle-même, son marché le plus vaste et le plus important.

Pour démontrer combien le commerce intérieur a plus d'influence sur l'aisance générale que le commerce extérieur, il suffirait de l'observation suivante. Notre commerce extérieur est moins considérable qu'il ne l'était avant la révolution; on a vu notre navigation marchande diminuée de moitié; et cependant, notre fabrication a plus que triplé. Combien la consommation intérieure est-elle donc augmentée ! Quel accroissement de travail, de produits et de jouissances ! En songeant à ces faits, on pressent que l'aisance doit être bien plus répandue parmi nous qu'il y a quarante ans : pour s'en convaincre, on n'a besoin que de se rappeler comment les ouvriers, les cultivateurs étaient alors nourris,

* *De l'Industrie française,* tome II, page 120.

vêtus, logés, et de voir comment ils le sont aujourd'hui. Ce serait donc faire preuve de bien peu de lumières que de vanter le commerce extérieur comme la source la plus féconde de la prospérité publique. *

A l'époque où l'on s'imaginait que les richesses consistent uniquement dans les métaux précieux, on dut regarder avec dédain le commerce intérieur. On partait d'une idée fausse; mais, cette idée admise, on en tirait une conséquence juste, lorsqu'on disait que le commerce intérieur ne peut enrichir un pays, puisqu'il n'y fait jamais entrer de numéraire. Maintenant on

* Il faut observer, sur le prodigieux accroissement des consommations en France, que les espèces de marchandises fabriquées avec peu de solidité sont plus nombreuses qu'autrefois, et que le goût de la dépense, le bon marché d'une partie des produits, peuvent rendre beaucoup de personnes moins soigneuses de ce qu'elles achètent. Mais si l'on voulait conclure de ces observations, que l'aisance n'est pas plus répandue, que seulement nous fabriquons mal et que nous sommes des dissipateurs, on rêverait, on fermerait les yeux à l'évidence.

sait que les richesses sont les objets propres à satisfaire nos besoins ; et l'on voit que le commerce entre les habitans de l'état est celui qui répand ces objets avec le plus d'abondance.

Toutefois , en supposant les gouvernemens désabusés du système qui réduit la richesse au seul numéraire , il resterait encore des préjugés favorables à la prééminence du commerce extérieur. Ce commerce a le plus d'éclat ; c'est assez pour qu'aux yeux d'un grand nombre d'hommes, il mérite le plus d'admiration. Certes, un ministre ne peut assurer sa gloire que par des services réels ; mais, pour conformer une vie entière à cette vérité si simple , il faut un caractère plein d'élévation et de force. Les travaux utiles ont, en général, quelque chose de lent et d'obscur, dont se fatiguent la plupart des hommes ; les moyens d'éblouir sont plus à la portée des âmes vulgaires. Qu'un administrateur veuille assurer la liberté de l'industrie, il marchera long-temps à travers les obstacles. Ses talens seront contestés, ses intentions seront calomniées ; mais que, sans peines, sans efforts, il encourage quelques manufactures de produits frivoles et brillans, on va le proclamer le bienfaiteur des arts et du commerce. L'apparence est tout pour la plupart des hommes. Si l'on raconte qu'un négociant de Hollande achète du thé à la Chine, et l'échange en Amérique contre du sucre qu'il vend en Suède, cette puissance commerciale excite la surprise ; et, comme on ne manque pas d'ajouter que ce négociant a des tonnes d'or, la plupart des auditeurs croient que le *commerce extérieur de transport* est celui qui verse le plus de richesses dans un pays. Cependant il est le moins avantageux, puisque c'est celui qui met en activité le moins de travail dans l'état.

D'un excès ne nous jetons pas dans un autre. Le commerce extérieur devrait exciter un puissant intérêt, alors même qu'on se bornerait à considérer son influence sur le commerce intérieur.

On doit aux *économistes* beaucoup d'idées justes sur le commerce; mais lorsqu'ils ont dit que, si l'industrie était libre, les capitaux se dirigeraient d'abord vers l'agriculture, qu'après l'avoir suffisamment pourvue, ils se porteraient vers les manufactures et le commerce intérieur, et que, venant à surabonder encore, ils iraient alimenter les diverses branches du commerce extérieur, ces écrivains ont fait un roman démenti par l'histoire. Nous avons vu que l'industrie manufacturière est nécessaire pour développer l'industrie agricole. De même, le commerce extérieur est essentiel aux progrès du commerce intérieur. Les relations avec l'étranger multiplient les besoins, éveillent les idées : le commerce intérieur profite de ces causes d'excitation, il leur doit une activité qu'il ne prendrait jamais chez un peuple isolé.

Si l'autorité ne vient pas, avec des vues étroites, gêner trop le commerce extérieur, il oblige constamment les manufacturiers nationaux à redoubler d'efforts pour soutenir la concurrence; et procure ainsi l'amélioration, l'abondance et le bas prix des marchandises.

Non-seulement le commerce extérieur fait jouir une contrée des productions qu'elle tente-

rait vainement d'obtenir de son sol et de son industrie, mais il sert encore puissamment à l'enrichir, en la dispensant de créer des produits
qu'elle ne fabriquerait qu'avec perte, parce
qu'elle a des emplois plus profitables à faire de
son travail et de ses capitaux.

Avec le commerce extérieur, les débouchés
n'ont, pour ainsi dire, plus de limites. Ce négoce est destiné à rapprocher les peuples, à les
mettre en communauté de richesses et de lumières. Hélas! trop souvent, il excita des divisions sanglantes : mais la nature est plus puissante que les hommes; elle les amenera sans
doute un jour à ne plus empoisonner les biens
qu'ils reçoivent de sa main libérale.

On sait que les prix trop élevés désolent les
consommateurs, et que les prix trop bas découragent les producteurs. Le commerce extérieur
tend à établir le prix réel dans toutes les contrées, en portant les marchandises où elles se
vendent le plus cher. Mais pour donner à chaque
état des produits abondans, au meilleur compte,
pour multiplier, autant qu'il serait possible, les

richesses de tous les peuples, ne faudrait-il pas une entière liberté du commerce? ne faudrait-il pas renverser les barrières qui s'élèvent entre les différentes contrées? C'est aujourd'hui la question la plus importante en économie politique.

CHAPITRE VIII.

DES DOUANES.

Les douanes sont nées de l'ignorance et de la fiscalité. Il était défendu, dans le treizième siècle, d'exporter les produits de notre sol et de notre industrie. On regardait l'exportation comme une calamité ruineuse qui prive un état des marchandises qui lui sont nécessaires; et cette opinion devait alors paraître tout aussi juste que le paraissent aujourd'hui des opinions tout aussi fausses. Il fut permis ensuite d'exporter, moyennant un droit qui était censé réparer le tort qu'on faisait à ses compatriotes. Singulière compensation! Si les habitans de l'état n'avaient pas assez de produits, l'impôt levé par le prince ne les indemnisait guère : c'était vendre la permission de les appauvrir. On ne paya d'abord que pour envoyer des marchandises hors du royaume ; mais le gouvernement jugea qu'il recueillerait davantage, s'il faisait payer aussi quand les produits passeraient d'une province dans une autre. Cette disposition était toute fiscale : le droit ne frappait les marchandises qu'au passage des provinces assujéties aux aydes, dans celles qui en étaient exemptes; et l'on autorisait ces dernières à s'affranchir du droit, en se soumettant aux aydes. On voulait de l'argent, sans s'inquiéter des effets de l'impôt sur l'industrie; et je suis loin de m'en étonner lorsque je vois encore, au dix-neuvième siècle, les douanes si richement exploitées par le fisc.

On pourrait dire qu'un code de douanes est un recueil assez plaisant. Si l'on jette les yeux sur nos tarifs, on apprendra de quels droits sont passibles les allumettes, les ananas, les archets de violon, etc. C'est assurément dans l'intérêt du fisc, non dans celui des arts, qu'on impose de pareils objets. La recette de nos douanes monte à cent soixante millions, c'est-à-dire qu'elle a plus que quadruplé depuis la révolution. On donne peut-être ce prodigieux accroissement pour un signe de prospérité ; je n'y vois qu'un déplorable exemple des ressources que le génie de la fiscalité peut créer en tourmentant l'industrie.

La complication de mesures fiscales et de dispositions commerciales que présentent les douanes , est très funeste. L'or versé dans les caisses publiques prête sa force aux argumens des monopoleurs; les profits de l'impôt font oublier les misères de l'industrie.

Je sais qu'on peut s'étonner de ces derniers mots ; je sais que , pour y répondre, on peut vanter les progrès de nos manufactures, étaler en chiffres le montant de leurs produits , et demander si ce sont là les résultats d'une industrie misérable. Lorsque, dans le siècle dernier, des écrivains, amis du bien public, s'élevaient contre les corporations et les réglemens , on crut répondre par maintes brochures, où l'on vantait la perfection de nos soieries, de nos draps , où l'on calculait le montant de nos exportations, où l'on finissait par demander si de tels résultats ne devaient pas rassurer sur les vices du système attaqué par des théoriciens. Cependant, ces entraves ont été détruites, et nous avons vu quel essor ont pris les arts. On verra de même s'opérer d'immenses améliorations, lorsque, après une lutte qui sera longue, mais qu'il faut soutenir avec persévérance, on sera parvenu à rejeter, ou seulement à rendre moins lourd le fardeau des douanes.

Jamais des barrières n'auraient séparé les peuples, si l'ignorance et la fiscalité n'avaient tenu la place des lumières. Maintenant, élevons-nous du moins à des théories exactes, en attendant que nous puissions les mettre en pratique. Des écrivains supposent, comme le vulgaire, classe où se trouvent tant de gens qui croient n'en être pas, des écrivains supposent qu'il existe une différence absolue entre les exportations et les importations. A l'un de ces mots s'attache l'idée de richesse, de gain ; à l'autre, celle de pauvreté ou d'appauvrissement. Voilà l'erreur fondamentale.

Qu'on exporte, qu'on importe, on fait tou-

jours des échanges. A moins qu'il n'y ait refus
d'acheter ou refus de payer, on ne peut envoyer des produits sans en recevoir, ni en recevoir sans en envoyer ; une exportation est nécessairement suivie d'une importation , et de
même une importation est nécessairement suivie d'une exportation. Pour démentir ces faits ,
il faudrait détruire cette vérité : les produits ne
s'achètent qu'avec des produits.

On conclut un marché désavantageux si les
objets qu'on donne ont plus de valeur que ceux
qu'on reçoit ; mais ce malheur, qu'il soit le résultat de l'impéritie, ou de la contrainte , ou de
toute autre cause, peut avoir lieu dans les échanges qu'on nomme exportations, comme dans
ceux qu'on appelle importations. Naturellement,
tous ces échanges sont avantageux aux deux parties qui les opèrent. Si la France reçoit des fers
de Suède, et qu'en retour la Suède reçoive des
vins de France, les deux états auront gagné ,
puisque chacun d'eux sera pourvu des produits
qu'il avait besoin d'acquérir. Les seuls vœux à
former, dans l'intérêt général , sont que les pro-

duits deviennent abondans et variés chez tous les peuples, et que les échanges se multiplient le plus qu'il est possible. De tels vœux ne sauraient être réalisés que sous l'influence de l'instruction et de la liberté.

Ces observations claires pour les esprits attentifs, incontestables pour les esprits justes, font juger sur quelle erreur est fondé le système des douanes. Mais ces observations prouvent-elles qu'on doive, à l'instant, briser toutes les entraves du commerce? Nous avons considéré les douanes sous un point de vue ; il en est un autre sous lequel on est forcé de les considérer encore. L'industrie s'est formée sous leur redoutable influence; et les barrières, qui n'auraient jamais dû s'élever, ne pourraient être renversées tout-à-coup sans mettre en péril, ou même sans détruire une partie de ce qu'elles ont permis de créer. Les partisans de la liberté du commerce ont de la prudence, car ils ont des lumières. Smith porte ses regards sur les manufactures qui se sont établies à l'aide de prohibitions ou de droits : « Si l'on supprimait tout-à-coup, dit-il, ces prohibitions et ces droits, il se pourrait que le marché intérieur fût inondé aussitôt de produits étrangers à meilleur marché que les nôtres, et que plusieurs milliers d'ouvriers se trouvassent privés de leurs occupations.... L'entrepreneur d'une grande manufacture, qui se verrait obligé de suspendre ses travaux, souffrirait un dommage considérable. La partie de son capital qu'il employait en achat de matières premières et en salaires trouverait peut-être, sans beaucoup de difficultés, un autre emploi; mais cet entrepreneur ne pourrait, sans de grandes pertes, disposer de l'autre partie de son capital qui est fixée dans ses ateliers. Une juste considération pour ses intérêts exige donc que de tels changemens ne soient jamais brusques, qu'ils soient amenés à pas lents et successifs et après avoir été annoncés de loin. Les réglemens introduisent un genre réel de désordres, qu'il est bien difficile de faire ensuite disparaître sans occasioner un autre désordre. » [*]

* *Richesse des nations*, tome III, pages 88, 95 et 96.

M. Say dit que les états assujétis aux douanes ressemblent à des malades que l'art ne peut guérir qu'avec lenteur.

Vainement dirait-on que les fruits de la liberté, c'est-à-dire l'abondance, le perfectionnement et le bas prix des marchandises, ne seraient pas trop achetés par une crise passagère. Quel homme sensé voudrait prendre la responsabilité d'une expérience dont il lui est impossible de calculer les suites avec exactitude, et qui peut compromettre la fortune et la vie d'un grand nombre de ses semblables ? Alors même qu'on serait certain de l'utilité d'un brusque changement, les lumières ne sont pas assez répandues pour qu'on dût le tenter. Les malheurs inséparables d'une telle révolution, et ceux que ses adversaires y sauraient ajouter par leurs intrigues, effraieraient tous les esprits. L'autorité serait contrainte de retourner à l'ancien ordre de choses, aussi rapidement qu'elle l'aurait abandonné.

Les chaînes du commerce ne peuvent être brisées d'un seul coup ; mais il faut ouvrir les yeux sur les pertes universelles qu'entraînent les

guerres de tarifs, reconnaître les vérités que j'ex-
posais, et qui renversent la théorie des douanes,
avancer par degrés, d'un pas ferme, vers la liberté, en appelant tous les peuples à s'éclairer
sur leurs vrais intérêts, et ne pas craindre de
leur offrir d'honorables exemples.

Les partisans des douanes emploient les prohibitions et les droits. Les prohibitions paraissent leur donner le moyen de répulsion le plus
actif. Un produit sujet aux droits, si on l'introduit en fraude, est en sûreté lorsqu'il a passé la
frontière ; mais s'il est prohibé, il peut être pour-
suivi de magasin en magasin. Les prohibitions
sont accompagnées de mesures inquisitoriales ;
et cependant leur effet n'est pas toujours aussi
certain qu'on l'espère : la hausse de prix qu'elles
occasionent est un appât à la contrebande. Les
prohibitions sont hostiles, elles appellent la séparation des peuples; elles tendent plus forte-
ment que les droits à créer un monopole dans
l'intérieur de l'état. Le travail d'un sage administrateur doit consister à substituer des droits
aux prohibitions ; puis, à modérer par degrés les

droits. Loin de céder aux intérêts privés qui sollicitent des restrictions nouvelles, il doit montrer, à ceux qui jouissent des restrictions établies, l'époque où les unes s'affaibliront, où les autres disparaîtront : c'est ainsi qu'il fera naître les bienfaits d'un régime de liberté.

Le système contraire ne peut que favoriser l'ignorance et la paresse aux dépens de l'intérêt public. Des écrivains prétendent, il est vrai, que si la fabrication est libre dans un état, on peut exclure les producteurs étrangers, sans qu'il en résulte un monopole. Certes, le mal est moins grand que si le nombre des producteurs nationaux était limité : il n'existe, si l'on veut, qu'un demi-monopole; mais ses effets sont toujours de retarder le perfectionnement des arts et de renchérir les produits.

Nos forges ont fait des progrès depuis quelques années; mais s'imagine-t-on que ces progrès n'auraient pas été plus rapides et plus remarquables, si l'on avait eu moins de complaisance pour garantir les entrepreneurs de toute inquiétude sur la concurrence étrangère? Un homme éclairé, que

son état oblige à très bien connaître la fabrication des fers, me disait : Cette fabrication est tellement protégée par les droits, qu'on peut obtenir des profits élevés dans les forges, sans sortir
de la routine ; et qu'une partie de nos exploitations atteste encore une complète ignorance. On
sait combien l'Angleterre a protégé, par les
douanes, ses manufactures de soie ; et l'on a
vanté les effets de cette protection. Voici ce qu'en
pensait M. Huskisson lorsqu'il était ministre, di-
recteur du commerce. « Le monopole a produit
ce qu'il produira toujours, une indifférence complète pour le perfectionnement. Ce zèle intéressé
qui est l'âme de l'industrie, et qui s'applique
sans cesse à reproduire, et à vendre au meilleur
marché possible, s'est amorti, grâce au système
prohibitif. C'est lui qui nous a retenu en arrière
de nos voisins dans la fabrication des soieries.
Effet déplorable de cette torpeur qui frappe
l'industrie, lorsque des lois prohibitives la plon-
gent dans une indolente sécurité ! » *

* *Discours prononcé à la chambre des Communes*, le 24
mars 1824, traduit par M. Pichon.

Mettre un droit à l'entrée d'une marchandise, c'est obliger le consommateur à la payer plus qu'elle ne vaut, non-seulement quand elle vient du dehors, mais encore quand elle est fabriquée dans l'intérieur, puisque les producteurs nationaux peuvent hausser leurs prix ou maintenir des prix élevés, sans craindre la concurrence. Il est tristement plaisant d'entendre des manufacturiers protégés par les lois prohibitives dire d'un ton satisfait : Nous ferons prospérer cette branche d'industrie, et vous ne serez plus tributaires de l'étranger. Comment étions - nous tributaires lorsque nous achetions de ceux qui nous donnaient, au plus bas prix, les ouvrages les mieux faits ? Ne peut-on dire, avec plus de vérité, que nous payons un tribut, depuis que nous sommes forcés de nous adresser à des hommes qui nous vendent plus cher des objets moins bien fabriqués ?

M. Garnier faisait, en 1822, le calcul suivant. « On croit que, dans le cours de l'année, une charrue qui travaille donne lieu à une consommation de cinquante livres pesant de fer. Le laboureur pouvait se les procurer, avant 1790, pour sept liv. dix sous au plus; et maintenant, il les paie au moins trois fois cette somme. S'il y a, comme on le suppose, neuf cent vingt mille charrues mouvantes en France, le renchérissement seul du fer grève l'agriculture d'un nouvel impôt de quatorze millions [*] ». On peut dire qu'un pareil calcul est exagéré, et je souscris à cette opinion. Mais qu'on le réduise ; on prouvera que l'impôt, dont il est ici question, est moins considérable que M. Garnier ne le prétend ; on n'arrivera pas à démontrer que cet impôt soit léger. Si l'on observe ensuite que l'auteur parle d'une seule espèce d'outils, et que le fer est une marchandise de première nécessité, qui sert à une multitude d'usages, on commencera peut-être à s'inquiéter du surcroît de dépenses qu'entraîne la hausse de son prix. Enfin, si l'on considère que le fer n'est qu'un des produits dont l'importation est frappée de droits, et si l'on essaie de faire le calcul du renchérissement occasioné par

[*] *Note* de la traduction de Smith, tome vi, page 241.

toutes les lois prohibitives, on ne pourra se défendre d'une sorte d'effroi, en mesurant l'énormité du fardeau dont les douanes accablent un
peuple.

On gémit, non sans cause, de l'élévation des
impôts inscrits au budget; mais le renchérissement des produits est un autre impôt dont le
montant est impossible à connaître avec exactitude. Qu'on apprécie maintenant cette phrase si
souvent répétée par les faiseurs de tarifs : le renchérissement d'un produit est un impôt utile aux
producteurs, et presque insensible pour la multitude de consommateurs entre lesquels il se
divise. En vérité, cette phrase semble être une
ironie.

Le régime des douanes n'est pas sans de graves
inconvéniens pour les producteurs eux-mêmes;
d'abord, parce qu'ils sont aussi consommateurs,
ensuite, parce que ce régime ne peut servir les
uns sans nuire aux autres. Comment tenir entre
eux la balance? On a cru énoncer un principe
lumineux en disant que, pour favoriser le travail, il faut gêner la sortie des matières pre-

mières et l'entrée des matières fabriquées. M. de Sismondi fait des observations judicieuses sur ce principe, qui paraît si simple et si profond. « Le lin, dit-il, est une matière ouvrée pour le rouisseur; c'est une matière première pour le fileur. Le premier veut, d'après le principe général, qu'on en favorise la sortie; le second veut qu'on la prohibe. Le fil est de nouveau matière ouvrée pour le fileur, et matière première pour le tisserand; la toile est matière ouvrée pour le tisserand, et matière première pour l'indienneur; l'indienne ou la toile peinte est matière ouvrée pour l'indienneur, elle est matière première pour le modiste, le décorateur ou le tailleur. Le dernier venu demande toujours à rester seul maître du marché, à l'égard de tous ceux qui ont travaillé avant lui; il arrête leur industrie par des prohibitions à la sortie, et diminue par conséquent la quantité d'ouvrages qu'ils pourraient faire. Quand on considère l'ensemble d'un code de douanes, on trouve presque toujours que les prohibitions accordées successivement aux divers degrés d'industrie, sont en contradiction directe les unes avec les autres * ». Oui, prétendre régler des intérêts si compliqués, c'est s'engager dans un dédale où l'on marche au hasard. Les producteurs en crédit ont l'avantage ; et c'est grande pitié que de voir les ministres d'un empire transformés en agens de manufacturiers qui les dupent.

Nous n'avons observé qu'une partie du préjudice que des producteurs causent à d'autres producteurs. Si l'on repousse des marchandises étrangères, les peuples froissés peuvent repousser, à leur tour, les marchandises qu'on leur envoie. Alors la fortune des entrepreneurs servis par les douanes est faite aux dépens des entrepreneurs victimes des représailles. Je ne sais comment il paraît juste d'enrichir les uns en dépouillant les autres. Je ne sais comment on s'imagine protéger l'industrie, lorsqu'on encourage un travail au préjudice d'un autre ; souvent même sans qu'on puisse décider quel est celui qui, dans un état de liberté, deviendrait le plus important.

* *Nouveaux principes d'économie politique*, tome 1, p. 436.

Les représailles, en elles-mêmes, nuisent à ceux qui les exercent. Quand des états voisins de la France refusent de recevoir nos vins, parce que nous refusons de recevoir leurs bestiaux, ils se condamnent à subir une seconde perte, parce que nous leur en avons causé une première. Les bestiaux qu'ils ont à vendre perdent un débouché et baissent de prix; ce n'est pas, assurément, une compensation que de rendre plus difficiles à se procurer, et plus chers, les vins qu'ils ont besoin d'acheter. Mais les représailles peuvent être considérées sous un autre rapport. Quelquefois elles troublent l'industrie du peuple qui donne l'exemple de violer la liberté commerciale. Cette liberté étant le but de nos efforts, si l'on peut obliger ainsi l'agresseur à rapporter ses lois prohibitives, on doit se faire un mal passager, pour obtenir un bien durable. Sous ce point de vue, approuvons hautement les représailles. C'est avec leur secours que les Etats-Unis, la Prusse ont forcé l'Angleterre à renoncer aux droits différentiels * qu'elle avait si long-temps

* Ces droits assurent un avantage aux marchandises ap-

jugés indispensables à la prospérité de sa marine. M. Huskisson, dans un discours où l'élévation des pensées s'unit à la vigueur du raisonnement, a fort bien prouvé que si l'on pouvait user de certaines ruses, lorsqu'une seule nation en avait le secret, cela n'est plus possible aujourd'hui que tous les peuples ont l'éveil sur les grands intérêts commerciaux. *Notre brevet d'invention*, dit-il, *est expiré* *. Mot profond autant qu'ingénieux.

On ne saurait nier qu'en abusant de sa force, un gouvernement peut faire quelques opérations lucratives. On a vu des états puissans contraindre des colonies ou des états faibles à recevoir d'eux des marchandises, à leur en livrer d'autres, haussant le prix des premières, baissant le prix des secondes. Un brigand peut dépouiller les passans; mais une autre industrie lui vaudrait une existence plus assurée. On sait ce que les états, tyrans d'autres états, gagnent par leurs exac-

portées sur les bâtimens nationaux, en frappant celles qui arrivent sur les bâtimens étrangers.

* Discours déjà cité, page 12.

tions ; mais il faudrait compter ce qu'ils auraient gagné en adoptant d'autres principes, et ce qu'ils ont perdu par suite des haines, des représailles, des guerres qu'ont enfantées leurs injustices. Le vulgaire attribue une révolution à l'événement dont elle est immédiatement précédée ; il faut voir les circonstances qui la préparèrent, et la rendirent inévitable. Le monopole que les Anglais exerçaient, avec tant de rigueur, à l'égard de leurs colonies de l'Amérique du nord, fomentèrent la haine que fit éclater plus tard la prétention de taxer ces colonies sans leur consentement. C'est en voulant maintenir, au profit de quelques marchands, un monopole odieux, que l'Angleterre a créé une puissance rivale de la sienne, qui causera plus d'une fois des insomnies à ses ministres.

La publicité des délibérations qui maintenant existe dans plusieurs pays, doit avoir une grande influence sur la propagation des principes de l'économie politique. La science de l'administration ne pouvait faire de rapides progrès, lorsqu'elle était mystérieusement renfermée dans le cabinet de quelques hommes d'état. Des tribunes s'élèvent sur différens points du globe : il devient tous les jours plus difficile d'avoir des secrets ; il faut exposer avec franchise son but et ses moyens. Sans doute on peut mentir à la tribune ; mais là, plus qu'ailleurs, cette ignoble ressource n'a d'autre résultat que le mépris pour ceux qui l'emploient. La vérité se fait jour trop aisément, dans les discussions publiques, pour que la loyauté n'y soit pas le parti le plus sûr aussi bien que le plus honorable.

Sans doute les lumières plus répandues, la force et la sécurité qui naissent d'un accroissement de prospérité, amèneront les peuples à vouloir toujours plus de liberté dans leurs relations. On sait combien il est utile aux provinces d'un empire de commercer librement entre elles : pourquoi ne pourrait-on comparer les différens états à ces diverses provinces ? Si deux contrées que séparent les douanes viennent, par l'effet de quelque grand évènement, à se voir réunies sous le même gouvernement, les barrières disparaissent, et les deux pays ne tardent pas à

s'en trouver mieux. Objectera-t-on que la suppression des entraves n'aurait pas le même effet,
lorsque les deux états appartiennent à des gouvernemens différens, et n'ont pas à contribuer
aux mêmes dépenses? Cet argument tout fiscal
ne prouve rien : il s'agit de savoir ce qui ferait
prospérer l'industrie des deux contrées ; peu importe à cette question de savoir si elles verse-
ront les revenus publics dans une seule caisse
ou dans plusieurs. Ce que j'ai dit sur la réunion
de deux pays n'est pas de pure théorie. Lorsque
plusieurs états furent momentanément réunis à
la France, la liberté commerciale s'étendit entre
eux ; et ce fut peut-être la plus grande compensation des malheurs de cette époque. Quand,
après une séparation nouvelle, les barrières ont
été relevées, ce n'est pas l'intérêt de l'industrie,
ce sont les préjugés, les haines, et la fiscalité qui
l'ont voulu.

Tandis que les écrivains les plus sages, tandis
que les administrateurs les plus éclairés énoncent
des idées généreuses, une erreur circule, s'em-
pare de quelques esprits distingués, et vient

susciter des obstacles à la propagation des véritables principes. Cette erreur est celle qui porte un certain nombre d'hommes à croire qu'un peuple doit essayer de réunir tous les genres de fabrication, et tenter de se suffire à lui-même.

Un tel système ne diffère point, dans ses conséquences, de celui des vieux partisans des lois prohibitives ; mais, au lieu de se présenter sous un aspect fiscal, il s'adresse au patriotisme, il flatte les nations dans leur orgueil et dans leurs haines. Nos tourmentes politiques sont venues le seconder. Le génie du bien et le génie du mal, toujours en présence sur la terre, n'ont jamais déployé plus d'efforts que depuis cinquante ans. L'un a propagé des principes ; l'autre a fomenté des passions. Les guerres qu'elles ont enfantées donnent une apparente justesse à des conseils qui rappelleraient la barbarie au milieu de la civilisation. L'absurde et fatale idée qu'un peuple doit se suffire à lui-même, ne conviendrait qu'aux mœurs d'une république guerrière qui, pour nourrir son patriotisme exclusif, haïrait

tous les autres états, et voudrait s'isoler comme
la bête féroce dans sa tannière.

On a toujours vu des administrateurs, imprudens et médiocres, attacher un intérèt d'amour-
propre à lutter contre la nature des choses,
pour introduire ou pour développer dans un
pays des branches d'industrie, qu'il aurait dû ne
point cultiver ou cultiver sans éclat. Après le succès, les hommes sensés demandent encore si les
résultats compensent les sacrifices. Le château
de Versailles est l'emblème de ces folles entreprises : on se trompait en disant que cet édifice
ne s'acheverait pas ; il existe, mais vaut-il ce qu'il
a coûté ?

Chaque peuple a ses productions naturelles et
ses talens, ainsi que son climat : c'est en suivant la route où des circonstances dominantes
l'engagent, que son travail et ses capitaux lui
donneront les meilleurs produits, et lui vaudront
les plus riches échanges. Essayer de tout produire, c'est se condamner à fabriquer des objets
qu'on peut se procurer mieux faits et à meilleur
compte, en les tirant de l'étranger ; c'est faire un

usage peu lucratif de capitaux qui seraient plus utilement employés dans d'autres genres d'industrie. Combien d'administrateurs sourient avec dédain lorsqu'on leur dit : La Providence, en variant les moyens que chaque peuple a de créer des richesses, voulut rendre les habitans des divers climats nécessaires les uns aux autres, et les unir par le doux lien des échanges! Ces hommes d'état croient avoir des idées plus profondes. Ah! les idées morales sont susceptibles d'une démonstration rigoureuse. Veut-on que je traduise, en langage arithmétique, cette vérité que les hommes doivent rester fidèles aux vues de la sage nature qui les appelle à des travaux différens? J'emprunterai les paroles d'un des auteurs qui procèdent en économie politique avec le plus de sécheresse. « Supposons, dit M. Ricardo, que deux ouvriers sachent, l'un et l'autre, faire des souliers et des chapeaux. L'un excelle dans les deux métiers ; mais, en faisant des chapeaux, il ne l'emporte sur l'autre que d'un cinquième ou de vingt pour cent, tandis qu'en faisant des souliers, il a sur lui l'avantage d'un tiers ou de trente-trois pour cent. Ne serait-il pas dans l'intérêt de tous deux que l'ouvrier le plus habile se livrât exclusivement à l'état de cordonnier, et le moins adroit à celui de chapelier ? » *

Le système qui tend à faire partout fabriquer, dans tous les genres, ne peut avoir d'autre résultat qu'un malaise universel. Souvent on se plaint de l'encombrement des marchandises sur différens points du globe. L'imprudence et l'ignorance de certains entrepreneurs sont des causes de cette calamité ; mais il faut l'attribuer plus encore aux douanes. C'est avec leur secours qu'on fabrique les mêmes marchandises dans la plupart des pays, tandis que la liberté eût maintenu la variété nécessaire aux échanges. Ensuite, le commerçant qui porte des produits sur une terre étrangère y trouve des douanes qui les renchérissent, et rendent leur débit moins facile. Les marchandises qu'il voudrait recevoir en échange des siennes sont quelquefois prohi-

---

* *Des Principes de l'économie politique*, tome 1, p. 207, en note.

bées ou chargées de droits à la sortie ; et celles qu'on lui propose sont quelquefois prohibées ou chargées de droits à l'entrée dans son pays. Quand l'industrie est ainsi froissée par de doubles entraves, ce serait un prodige que les ventes se fissent avec facilité. Dans ce dédale, les besoins des hommes disparaissent ; c'est le tarif des douanes qu'il faut connaître ; et comme il est dans la nature des choses que les lois de douanes varient, les opérations commerciales n'ont point de sûreté. Tel est l'état honteux où l'industrie est encore retenue, au dix-neuvième siècle, par un système qu'ont enfanté les passions et l'ignorance.

De grandes erreurs disparaîtront, comme d'autres se sont évanouies après avoir longtemps régné. Une des causes qui donnèrent le plus d'importance aux douanes fut la persuasion qu'un état doit empêcher son numéraire de sortir, et chercher à s'emparer de celui des étrangers. J'examinerai cette opinion dans le chapitre suivant.

CHAPITRE IX.

DE LA MONNAIE.

On sait que des philosophes, occupés de recherches sur l'origine des langues, sont restés
saisis de surprise en voyant toutes leurs hypothèses offrir des difficultés insolubles, et qu'ils
ont fini par croire l'intervention de la divinité
nécessaire pour créer le langage. Les recherches
sur l'origine de la monnaie peuvent exciter une
surprise semblable. Comment ces morceaux de
métal, inutiles en eux-mêmes, sont-ils devenus,
par un consentement unanime, le moyen le
plus sûr de se procurer les divers objets qu'on
desire ?

L'autorité, la force ne peut avoir imposé ce
moyen d'échange. Il existe une grande liberté
dans l'usage de la monnaie. Si l'on reçoit une

pièce d'or contre une marchandise, c'est qu'on y trouve son avantage ; car , si l'on préfère un autre produit, on l'exige, ou l'on refuse de conclure le marché. C'est donc librement que les hommes emploient le numéraire : il n'en est que plus difficile de concevoir comment ils l'inventèrent.

Quand les hommes ont un extrême besoin de parvenir à quelque découverte, leurs tentatives sont si multipliées que le succès est enfin le prix de leurs efforts. Peu d'inventions étaient aussi nécessaires que celle de la monnaie : pour juger à quel point elle nous est utile, supposons qu'elle n'existe pas. Comment faire la plupart des échanges ? Je possède une balle de laine, et je voudrais avoir du blé. Je porte ma lourde richesse chez un cultivateur ; il a du blé, mais c'est du vin qu'il demande. Je cherche à m'en procurer, pour le lui donner ensuite. Le vigneron n'a pas besoin de ma laine; et le fabricant, qui la recevrait volontiers, ne possède ni vin ni blé qu'il puisse me céder. Combien de difficultés et de courses, d'embarras et de fatigues ! Je parviens à découvrir quelqu'un qui peut faire un échange avec moi. Autre difficulté ! Comment apprécier la valeur des deux marchandises ? comment déterminer quelle quantité de blé on doit donner contre telle quantité de laine ? Nous nous accordons enfin , et l'on divise une des deux marchandises ou toutes deux. Mais si l'on ne peut les diviser ? s'il s'agit d'échanger un animal contre un meuble ? Quel hasard me fera rencontrer une personne qui non-seulement possède l'objet que je desire , mais qui le possède précisément d'une valeur égale à celle de l'objet que je veux échanger ?

Il était indispensable d'avoir une marchandise intermédiaire qui facilitât les échanges , et qui servît de point de comparaison pour apprécier les valeurs.

Les divers objets qu'on peut employer à cet usage n'ont pas tous au même degré les qualités desirables ; et de nombreux essais précédèrent l'invention de la monnaie telle que nous la connaissons aujourd'hui. L'embarras de quelques philosophes, pour résoudre le problème de la formation du langage, résulte de ce qu'il faut des conventions pour donner un sens aux mots, et de ce qu'il faut une langue pour faire des conventions : cercle vicieux, d'où ils ne voient pas la possibilité de sortir. Un de leurs confrères les plus spirituels , M. Laromiguière, a fort bien dit qu'on prouverait de même qu'il est impossible d'avoir jamais ni marteau ni enclume, puisqu'il faut une enclume pour faire un marteau , et un marteau pour faire une enclume. Heureusement la nature est plus féconde en ressources que nos savans ; elle nous fait arriver, par une suite d'essais toujours moins informes , à produire, avec une sorte de perfection , ce qu'en théorie on jugeait impossible.

Livrés à leur bon sens naturel, les hommes ont quelquefois des idées fort ingénieuses. Les pauvres habitans de la côte d'Angole se sont fait une monnaie idéale dont les pièces, qu'ils nomment macutes, n'existent que dans leur imagination *. Celui qui veut se défaire d'un objet

* *Économie politique* de Steuart, tome III, page 16.

l'évalue tant de macutes ; son voisin évalue de même l'objet qu'il veut donner en échange ; on marchande, comme s'il y avait des macutes à donner et à recevoir. Cette monnaie sert de point de comparaison pour apprécier les valeurs ; mais elle ne remplit qu'une des fonctions du numéraire. Le besoin de faciliter les échanges, par une marchandise intermédiaire, fit employer à cet usage divers objets : ce furent au Mexique, des noix de cacao ; en Virginie, du tabac; en Abyssinie, des pains de sel ; dans quelques peuplades indiennes, des coquilles brillantes qui servent de parures.

En cherchant toujours à perfectionner le moyen d'échange, on devait nécessairement arriver à la monnaie métallique, parce qu'elle réunit, au plus haut degré, les qualités desirables dans la marchandise intermédiaire. Les métaux précieux ont une grande valeur,* sous un petit volume qui

---

* On s'abuserait en supposant que ces métaux doivent leur valeur à l'effigie du prince : ils la doivent aux divers emplois qu'on en peut faire, et aux dépenses qu'exigent leur extraction et leur préparation.

permet de les garder, de les cacher et de les transporter aisément. Leur durée est indéfinie : ils sont assez abondans pour suffire aux besoins de tous les peuples, sans être assez communs pour que leur valeur s'avilisse, et qu'on soit obligé d'accroître la masse de la monnaie d'une manière embarrassante. L'art les divise en autant de parties qu'on le veut, sans qu'ils éprouvent un déchet notable. Enfin, ils sont susceptibles de recevoir et de conserver long-temps une empreinte.

Observons qu'une importante découverte fut celle de marquer les morceaux de métal, de manière à constater leur poids et leur titre. S'il fallait en les recevant les peser et les essayer, on serait fort embarrassé pour ces deux opérations : la première est gênante, la seconde serait presque impossible. On n'arriva que par degrés à frapper la monnaie. D'abord, on se servit de morceaux de métal sans empreinte; ensuite, un poinçon indiqua leur valeur; enfin, l'art de couvrir la pièce entière de figures et de mots, rendit plus difficiles à effacer et à contrefaire

les signes indicatifs du titre et du poids des
monnaies.

L'invention du numéraire est un des plus puissans véhicules de la civilisation. Les idées précédentes le prouvent ; j'ajouterai une considération importante. Sans le numéraire, comment
former les capitaux dont l'existence est indispensable aux développemens de l'industrie? On
accumulerait difficilement des objets embarras-
sans par leur volume, sujets à s'avarier, et même
à se détruire. Au moyen de la monnaie on peut
mettre, chaque jour, en réserve quelques portions d'une marchandise qui tient peu de place,
qui ne s'altère point ; et, lorsqu'on en possède
une quantité suffisante, on la transporte facilement où le besoin l'exige, pour l'échanger contre
les objets nécessaires à l'entreprise qu'on veut
former.

Cependant, quelque grande que soit l'importance du numéraire, on l'a souvent exagérée, ou
plutôt on s'est long-temps mépris sur la nature
des services qu'il rend à la société. On le regarda
comme la seule richesse ; l'économie politique

eut pour but de retenir le numéraire dans l'état,
et d'attirer celui des étrangers.

De judicieuses analyses ont dissipé, ou du
moins affaibli ces préjugés. Les métaux précieux *
ne sont pas autre chose que des produits; et ces
produits ne s'obtiennent, comme tous les autres,
que par le travail. Cela est évident, si l'on porte
ses regards sur les peuples dont le sol recèle
ces métaux. L'exploitation des mines est un
genre d'industrie qui n'est même pas aussi lucratif qu'on peut le supposer; il donne souvent
de fausses espérances, il est fécond en chances
désastreuses. Si les bénéfices paraissent énormes
dans une mine abondante, on les voit retomber
au taux naturel lorsqu'on met en balance les
profits et les pertes de tous les entrepreneurs
qui spéculent sur ce genre d'exploitations.
Quant aux peuples qui ne possèdent pas de mines,

---

* L'usage, qui n'est pas toujours d'accord avec la raison,
a fait donner cette épithète à deux métaux ; mais, en réalité,
le fer la mériterait mieux. Nous pourrions, à la rigueur,
suppléer l'or et l'argent ; mais comment parviendrions-nous
à suppléer le fer?

c'est encore par le travail qu'ils se procurent les métaux nécessaires pour leur monnaie, leur orfévrerie, etc. S'ils ne les volent pas en faisant la guerre, ils ne peuvent les avoir qu'en donnant d'autres produits en échange.

Rien n'est plus inexact, je dirais presque rien n'est plus absurde ou plus niais que cette phrase encore répétée dans des discours publics, dans des rapports officiels : Nous sommes tributaires de tant de millions envers tel peuple, à qui nous payons en numéraire ses marchandises. Je pourrais dire que ces millions, ou la presque totalité, se paient sans qu'il sorte un écu de l'état; mais je suppose que nos banquiers les fassent passer en espèces monnayées à l'étranger : comment sommes-nous plus ses tributaires que si nous lui donnions d'autres objets, en retour de ceux qu'il nous cède? Dès le premier livre de cet ouvrage, nous avons vu que les produits ne s'achètent qu'avec des produits. Si nous ne payons pas un peuple avec nos soieries, nos draps, nos vins, etc., si nous lui portons des métaux précieux, il a fallu d'abord nous les procurer, en les échangeant contre nos soieries, nos draps, nos vins, etc. ; ainsi, nous payons toujours, directement ou indirectement, avec des produits de notre sol et de notre industrie. Toute la différence, c'est que dans le premier cas, il n'y a qu'un échange, et que dans le second, il y en a deux. Or, il se pourrait bien que ce fût dans ce dernier cas que nous eussions le plus de bénéfices, puisqu'une double opération doit mettre en mouvement plus de travail dans la société.

Une différence entre les métaux précieux et les autres marchandises, c'est qu'ils sont, de tous les produits, ceux que le commerce procure le plus facilement. Leur petit volume permet de les transporter au loin, à peu de frais, d'échapper à la surveillance des douanes, et de braver les prohibitions que fulmine une ignorante cupidité. L'or et l'argent sont naturellement portés où le besoin s'en fait le plus sentir; en d'autres termes, où ils sont le plus chers. Pour que chaque état industrieux en reçoive la quantité qui lui est nécessaire, il suffit que le commerce ne rencontre pas d'obstacle; et, je le répète, pour une marchandise si précieuse et de si peu de volume, la circulation est toujours à-peu-près libre.

Dans un état où il n'y aurait pas assez de numéraire *, l'industrie souffrirait; les échanges se feraient avec difficulté. Toutefois, il n'est pas besoin que la quantité d'espèces monnayées augmente dans une proportion égale au nombre des échanges. Une pièce de monnaie se multiplie pour ainsi dire; l'activité du commerce la fait passer rapidement dans une multitude de mains.

S'il est vrai que la rareté de la marchandise intermédiaire nuirait à la célérité des échanges, il est également certain que sa trop grande abondance aurait des effets nuisibles. Ce serait une triste situation que celle d'un pays où l'on ferait toujours entrer de l'argent, sans jamais en laisser sortir. La valeur du numéraire baisserait; il faudrait se charger d'une quantité de monnaie

* Ou de signes qui représentent la monnaie, comme nous le verrons plus tard.

toujours plus considérable, toujours plus embarrassante, sans obtenir plus d'objets en échange. La découverte de l'Amérique jeta en Europe une masse de métaux précieux, hors de proportion avec l'accroissement du commerce; l'argent valut six fois moins qu'auparavant. Un fait prouve à quel point les hommes cèdent aux illusions lorsqu'il s'agit de ce métal recherché avec tant d'ardeur. Le parlement de Paris fit des remontrances pour se plaindre de ce qu'un grand nombre de particuliers avaient de la vaisselle et des meubles d'argent, et pour demander que, dans l'intérêt des pauvres, un tel luxe fût interdit. Si l'on eût paralysé une branche d'industrie, on aurait diminué le travail; et si l'on eût augmenté la quantité d'argent monnayé, on aurait encore affaibli sa valeur.

L'opinion qui fait prendre le numéraire pour la richesse, doit cependant avoir quelque chose de spécieux, puisqu'elle fut universelle, et qu'un certain nombre de personnes la défendent encore. Cette opinion doit être celle des hommes qui jugent sur l'apparence. Nous faisons peu d'échanges proprement dits, nous faisons des achats et des ventes; on y voit toujours figurer la monnaie : elle semble donc tout produire, et tenir lieu de tout. Plus un homme a d'argent, plus il est riche : de ce fait incontestable, il est assez naturel de conclure que, pour enrichir un état, on n'a besoin que d'accroître la masse de son numéraire. Mais, quand on assimile une nation à un individu, on tombe quelquefois dans de graves erreurs. L'homme qui, chaque jour, augmente la quantité de métaux précieux qu'il possède, n'en fait pas diminuer la valeur; un peuple, en accroissant toujours la masse de ses espèces monnayées, éprouverait les misères de la surabondance. Observons ensuite qu'un peuple est une agrégation d'individus dont les intérêts et les goûts sont très variés. Je préférerais une somme de vingt mille francs à des marchandises de même valeur. Où les placerais-je? L'argent va me procurer à l'instant ce qui pourra me plaire. Un négociant préférerait peut-être les marchandises. Pour m'en servir, je serais obligé de les vendre; et lui, pour se servir de l'argent, achèterait des marchandises. Je les aurais vues s'altérer dans mes mains, ou même se détruire; et le négociant les fera surpasser en valeur la somme que j'ai choisie. Il peut donc, lorsqu'il vend à l'étranger, trouver avantageux de se faire payer avec d'autres produits que des espèces monnayées. Quelquefois, sans doute, il accepte des marchandises, quoiqu'il eût desiré de l'argent; c'est qu'alors on ne veut traiter que de cette manière, et qu'il aime mieux vendre ainsi que de garder ses envois. Il cherche toujours à faire ce qui lui est le plus avantageux, ou le moins préjudiciable; et tous les efforts du gouvernement pour le diriger, par des prohibitions et des droits, n'ont d'autres résultats que de le contraindre à des marchés désavantageux ou de le réduire à l'impossibilité de vendre.

On a dû croire qu'on faisait un raisonnement très juste, en disant : il est des objets qui se détruisent avec rapidité, et les métaux sont presque indestructibles; si donc un pays achète d'un autre des objets fragiles, et paie en numéraire, il s'appauvrit et l'autre s'enrichit. Mais le pays qui reçoit du numéraire ne le garde point. L'argent s'écoule; le peuple qui l'a reçu pour des étoffes le donnera peut-être pour des boissons qui sont encore moins durables.

Lorsqu'on pensait que les métaux précieux font la richesse des états, on dut attacher une extrême importance à calculer le montant des ventes et des achats faits à l'étranger. En rapprochant les colonnes de chiffres, on vit ou l'on crut voir quelle balance de compte il restait, soit à payer, soit à recevoir. C'est ce qu'on nomma la balance du commerce, avec laquelle on prétendit juger si un pays s'enrichissait ou s'appauvrissait. La futilité de cette opinion a si bien été démontrée, que je m'arrêterai peu sur un pareil sujet.

Les tableaux de la balance du commerce dressés en Angleterre, sont toujours ou presque toujours en faveur de cette riche contrée. Le numéraire entré dans ce pays doit donc y former une masse prodigieuse. M. Say additionne les sommes ainsi reçues par les Anglais, depuis le commencement du dix-huitième siècle jus-

qu'au papier-monnaie de 1798, et trouve le total
énorme de trois cent quarante-sept millions ster-
lings. « En ajoutant , dit-il , le numéraire qui
existait déjà en Angleterre au commencement
du dix-huitième siècle, on jugera qu'elle doit
posséder bien près de quatre cents millions.
Comment se fait-il que les évaluations ministérielles les plus exagérées n'aient pu trouver en
Angleterre que quarante-sept millions, à l'époque où il y en avait le plus ? » *

Les résultats illusoires de la balance du commerce ont été fort spirituellement indiqués par
M. de Saint-Chamans, dans un discours que je
n'ai pas sous les yeux; et, sans doute, je vais
rendre moins frappantes les idées de l'auteur.
Supposez, dit-il, qu'un négociant français exporte au-delà des mers une cargaison de cinquante mille francs; supposez que sa vente et ses
achats soient tellement heureux qu'il apporte en
retour des marchandises dont la valeur s'élève à
deux cent mille francs. Cette opération est bril-

* *Traité d'économie politique*, tome I, page 245.

lante. Cependant, consultez la balance du com·
merce : elle indique, dans la colonne des exportations, cinquante mille francs; dans celle des
importations, deux cent mille francs; et prouve
ainsi que nous avons perdu cent cinquante mille
francs. Un évènement pouvait changer ces calculs. Si la tempête eût englouti les deux cent
mille francs de marchandises, ils ne seraient pas
inscrits dans la colonne des importations; et
celle des exportations démontrerait que nous
avons gagné cinquante mille francs.

On conçoit à peine que des hommes d'état
aient laborieusement étudié les tableaux de la
balance du commerce, pour en tirer de graves
conséquences sur la destinée des empires.
C'est encore un motif d'espérer que des erreurs
accréditées maintenant, seront un jour tournées
en ridicule.

CHAPITRE X.

DES PAPIERS QUI SUPPLÉENT LA MONNAIE.

Quelque admirable que soit l'invention de la monnaie, les hommes ont su la perfectionner, et découvrir des secrets pour faciliter encore les échanges.

La monnaie donne, en quelque sorte, la faculté de transporter les autres produits, sans les changer de place. Si j'habite le midi, et que je possède une terre à blé dans le nord, on ne pourrait, sans beaucoup d'embarras et de frais, m'envoyer ma part des récoltes. On la vend dans le nord, et l'on me fait parvenir de l'argent que j'échange au midi contre du blé; je trouve ainsi près de moi ma récolte. Ce transport de la monnaie, moins cher que celui des marchandises, est cependant coûteux, et peut occasioner des pertes. Pour m'épargner cet inconvénient et ces dangers, l'acquéreur de mon blé fait un écrit dans des formes légales , par lequel il charge quelqu'un du pays que j'habite de payer tel jour, soit à moi, soit à la personne que je désignerai, la somme dont il est débiteur. Cette *lettre de change*, qui m'arrive presque sans frais, transporte l'argent, comme l'argent transporte les marchandises.

Si l'on se représente un moment le nombre prodigieux d'achats qui rendraient nécessaires des envois d'espèces monnayées, on jugera combien le papier, substitué au numéraire , épargne de frais à l'industrie, et jette d'activité dans la circulation.

La certitude qu'une lettre de change sera payée à telle époque, lui donne une valeur très rapprochée de celle du numéraire. On peut donc faire accepter, en paiement de ses achats, les billets qu'on a reçus pour ses ventes. Ce n'est pas seulement dans les villes d'un même pays que ces papiers circulent; ils servent au commerce des différens peuples, ils passent d'un hémisphère à l'autre. Ingénieux moyens de faciliter les échanges, et par conséquent de les multiplier !

L'emploi des billets donne lieu à tant d'opérations, qu'il a fait naître un genre d'industrie qu'exercent les *banquiers*, véritables commerçans dont les marchandises sont de l'argent et du papier. Si l'on a besoin de toucher le montant d'un billet avant son échéance, les banquiers l'*escomptent*, c'est-à-dire l'acquittent, en prélevant un droit. On se procure par eux des lettres de change sur les places de commerce où l'on a des dettes à payer. Le papier vaut naturellement un peu moins que les espèces monnayées, puisqu'il faut en attendre le paiement ; toutefois, si les négocians de telle ville ont beaucoup à recevoir, peu à payer, les lettres de change sur cette ville sont rares ; et la concurrence des demandeurs en fait donner plus que les sommes qu'elles représentent. Le change pour cette ville est *en hausse;* il serait *en baisse,* si elle devait plus qu'on ne lui doit ; il est *au pair* quand les dettes se balancent ; et l'on juge que le *cours du change* est sujet à varier.

Souvent les opérations de paiement se compliquent. Si Londres doit à Paris plus que Paris ne lui doit, mais que les Français soient débiteurs envers Amsterdam, et que les Anglais y soient créanciers, Londres peut s'acquitter avec du papier hollandais, qui soldera nos comptes d'Amsterdam.

Des établissemens, formés par des capitalistes, mettent en circulation une espèce de papier-monnaie qui, dans beaucoup de transactions, peut suppléer le numéraire. Ces établissemens, qu'on nomme *banques,* doivent avoir des sommes suffisantes en argent et en lettres de change pour répondre de leur papier : mais, comme il est presque impossible que le remboursement de la totalité de leurs billets soit au même instant demandé, elles en émettent pour une valeur plus grande que celle des sommes déposées dans leurs caisses, et se procurent ainsi des bénéfices considérables.

Deux conditions sont indispensables pour que les billets de banque obtiennent la confiance. Il faut qu'on soit libre de les refuser; il faut, si on les reçoit, qu'on ait la certitude de les échanger, à volonté et sans frais, contre du numéraire.

Les banques offrent des avantages à l'industrie; elles facilitent les échanges, elles escomptent les papiers du commerce, et lui font des avances. Smith dit que c'est depuis l'établissement des banques, à Glasgow, à Edimbourg, que le commerce de l'Ecosse a pris un grand accroissement. Sans contredire ce fait, j'assurerais que tout était préparé pour le développement de l'industrie en Ecosse, lorsque les banques y furent créées. Ces établissemens peuvent seconder l'impulsion commerciale, mais ne sauraient la donner.

Aux avantages que présentent les banques se mêlent des inconvéniens. Le fonds qui sert de gage aux billets peut être diminué par de fausses spéculations, par des prêts forcés ou imprudens. Il se peut aussi qu'on multiplie avec excès les billets, et que le numéraire, devenu moins utile, se resserre ou passe à l'étranger. Alors, si quelque circonstance fait porter à la banque une masse de ses papiers, une crise se déclare, et le remède est difficile à trouver. Permettre la suspension des paiemens, c'est donner à la fraude l'appui de la force.

Je ne vois aucun motif pour limiter le nombre des banques; mais il est juste qu'on ne laisse pas à tous les particuliers la liberté d'en établir. L'Angleterre sait, par expérience, les dangers de l'opinion contraire. Une profession où l'on fabrique des signes représentatifs de la monnaie, exige que, pour l'exercer, on donne des garanties de probité et de solvabilité. Je pense aussi que, dans l'intérêt public, le gouvernement doit s'assurer que les fonds restent intacts, et que les billets n'excèdent pas le nombre fixé. Mais les rapports des gouvernemens avec les banques, ne sont pas eux-mêmes sans danger. Rarement le pouvoir résiste-t-il au desir de faire des emprunts; et trop souvent on l'a vu récompenser les complaisances d'une banque, soit en lui permettant une suspension de paiemens, soit en donnant un cours forcé à ses billets. De tels dangers sont imminens, extrêmes, quand le pouvoir est absolu; et tous ne disparaissent pas quand il est limité. On n'oubliera jamais le scandaleux exemple que le parlement anglais a donné vers la fin du siècle dernier. Toutefois, ne dédaignons point les garanties qui résultent de la forme du gouvernement. Pour qu'on ose déclarer que des billets qui perdent sont au pair, il faut sous un parlement une crise européenne; sous un despote, il ne faut qu'une fantaisie.

Les papiers-monnaie que des gouvernemens fabriquent, au milieu du désordre de leurs finances, ne sont pas même une invention ingénieuse. C'est une imitation des billets de banque, moins les garanties. Un gouvernement qui recourt à ce funeste palliatif, ne saurait employer aucun des moyens qui font naître la confiance. Il est dans la nécessité de donner un cours forcé à sa monnaie de papier; car, si l'on était libre de la refuser, personne n'en voudrait. Il ne peut offrir de l'échanger à bureau ouvert; car, s'il était assez riche pour répondre à toutes les demandes, il n'aurait pas besoin de billets. Il promet un remboursement, ainsi le veut l'usage; mais ce

remboursement illusoire abuse peu de gens.
Créer un papier-monnaie, c'est, ne pouvant
plus lever de contribution nouvelle, établir le
plus lourd des impôts; c'est, faute de pouvoir
emprunter, faire une vaste spoliation. Le gouvernement vole ses créanciers; et, pour dédommagement, autorise chaque particulier à
voler les siens. Sans doute une émission très modérée du papier-monnaie en retarderait la chute;
mais, comme on n'emploie une pareille ressource
que dans des temps calamiteux, loin qu'on
puisse la diriger, on est maîtrisé par elle; et
chaque jour le discrédit accélère la fabrication.
Cette ressource précaire, ruineuse, immorale,
produit néanmoins, pour quelques momens,
toutes les apparences de la prospérité. Un papier-monnaie a de l'analogie avec un feu d'artifice qui brille, éblouit, et rend ensuite l'obscurité plus profonde. Aussi long-temps que
l'autorité peut soutenir la valeur de ses billets
par la force ou la ruse, et même dans le court
intervalle où il peut encore suppléer par l'abondance du signe à sa valeur première, il fait

d'énormes dépenses qui semblent ne rien coûter au public. Cet amas de papiers excite parmi les habitans de l'état une fureur de s'enrichir et de dissiper. Chacun achète, vend, commerce. Ce besoin tout nouveau s'accroît encore par la dépréciation des billets : demain, ils vaudront moins, dans peu de jours ils seront sans valeur ; il faut les employer à l'instant, fût-ce en folles dépenses. Ce sont de vraies saturnales, dont l'étourdissement ne cesse qu'au jour de la banqueroute universelle. On était arrivé à donner dix mille, trente mille francs, pour des objets qui valent cinq ou six francs ; on finit par ne pouvoir placer ses billets à aucun prix. L'homme qui se croyait millionnaire, a pour quelques centimes de papier dans les mains. L'état ne paraît peuplé que de gens sans ressource ; chacun se plaint de sa misère et de la mauvaise foi d'autrui. Les billets n'existent plus, l'argent ne reparaît pas ; la détresse du gouvernement et celle des particuliers sont extrêmes. Tout serait perdu, si la nature ne se chargeait de réparer nos fautes. La source de ses bienfaits n'est point tarie ; il reste aux hommes leur sol, une partie de leurs capitaux, leur intelligence et leur activité. On les voit recouvrer leurs richesses dans un laps de temps assez court ; mais d'autres biens sont plus lents à renaître. Les âmes flétries à l'école de la déception, de l'agiotage et du vol, reprennent difficilement les nobles habitudes de bonne foi, de désintéressement, d'intégrité, nécessaires au bonheur des individus et des peuples.

CHAPITRE XI.

DES ENCOURAGEMENS NÉCESSAIRES A L'INDUSTRIE.

Je n'ai pu séparer de mes observations sur la monnaie quelques aperçus relatifs aux papiers qui la suppléent; revenons à considérer l'action du gouvernement sur l'industrie. Nous avons vu combien on oppose d'obstacles aux progrès de l'aisance, par des mesures vexatoires. Après la rapacité fiscale, rien n'est plus funeste que cet amour-propre puéril de gens à grandes places et à petites vues, qui veulent intervenir dans toutes les affaires, comme pour constater qu'ils ont du pouvoir. Je conçois, dans les subalternes, une activité tracassière et vaniteuse; mais leurs chefs devraient en être garantis par quelque élévation de pensée. Si les gouvernemens se bornaient aux véritables moyens d'encourager les arts, leur tâche ne se réduirait pas à rien, comme on a souvent affecté de le dire; elle s'ennoblirait. Les administrateurs, au lieu de se laisser transformer en espèces de premiers commis marchands, agiraient en hommes occupés d'améliorer le sort de leurs semblables.

Pour encourager l'industrie, il faut répandre l'instruction, garantir la liberté du travail, respecter et faire respecter tous les genres de propriétés, assurer la tranquillité intérieure, entretenir au-dehors les relations amicales *, en former de nouvelles, multiplier les moyens de communication, honorer les hommes industrieux qui se distinguent par le perfectionnement ou le bon marché des produits.

Voilà les véhicules que doit employer un gou-

---

* Une paix qui, tout-à-coup, succède à une longue guerre, peut amener une crise commerciale. C'est ce qu'on a vu récemment en Angleterre, aux Etats-Unis; mais les faits de ce genre ne prouvent point contre les inappréciables avantages de la paix; ils prouvent que le commerce souffre de tout changement brusque, qui contraint à chercher un nouvel emploi des capitaux.

vernement éclairé ; et s'ils étaient répandus dans toute leur plénitude , on jugerait bientôt inutiles ou dangereux nos encouragemens prétendus. Même en supposant à ceux-ci de l'efficacité, que sont de petits moyens d'agir sur quelques manufactures , comparés aux vastes moyens d'animer l'industrie de tout un peuple?

Une protection spéciale donnée soit à telle branche d'industrie soit à tel individu, n'est vraiment utile que lorsqu'elle sert à l'instruction de tous, et ne nuit à la liberté de personne. Pendant son ministère , M. Chaptal voit que les Anglais, à l'aide d'inventions nouvelles , sont près de nous surpasser dans la fabrication des draps : il appelle en France le mécanicien Douglas, et répand la connaissance des procédés qui nous étaient devenus nécessaires. Agir ainsi, c'est faire plus qu'encourager un genre de fabrication, c'est le perfectionner et l'offrir en exemple. Tous les hommes industrieux furent à portée de juger quels succès on obtint par d'ingénieux procédés dans les arts.

Un encouragement partiel ne sert, en général, une branche d'industrie qu'aux dépens de plusieurs autres; et, trop souvent, il est la récompense de l'intrigue des fabricans et de la corruption des commis.

Le genre d'encouragement le plus employé consiste en primes accordées à la production, ou à l'exportation, ou à l'importation de certaines marchandises. Quand les arts sont dans l'enfance, il est possible qu'un secours partiel ait une influence générale en éveillant les esprits. Mais plus tard, l'emploi de ce moyen peut produire des effets opposés. On décourage l'entrepreneur auquel on refuse des secours accordés à d'autres; et cependant, on ne peut les laisser tous puiser dans le trésor public. Il est d'ailleurs très préjudiciable de persuader à la classe industrieuse que, pour réussir, l'appui du gouvernement est nécessaire : il faut que les hommes comptent sur leurs forces; qu'ils soient bien convaincus que l'intelligence et l'économie, l'activité et les associations surmontent tous les obstacles. Alors, les entreprises sont nombreuses; elles subsistent, elles prospèrent, quels que soient les changemens de ministres, et les changemens de vues dans les ministères.

Si tel commerce ne peut être fait qu'avec perte, c'est une faute grave que de porter des hommes à l'entreprendre, en les séduisant par des primes. Ces hommes laborieux auraient fait de leurs capitaux un usage plus lucratif, qui n'eût rien coûté à l'état. On les jette dans une route moins avantageuse que celle où leur bon sens les eût conduits.

Si des fabricans peuvent vendre leurs marchandises, et qu'on les gratifie d'une prime, elle forme pour eux un accroissement de bénéfices : il est assez singulier qu'on les paie pour continuer un métier lucratif. A-t-on le droit de dépenser ainsi l'argent du public? N'est-ce pas , comme il arrive si souvent, lever une contribution sur des gens pauvres, pour la donner à des gens riches ?

Si le manufacturier baisse ses prix de toute la valeur de la gratification qu'il reçoit, l'impôt cesse d'être levé à son profit, et tourne à l'avantage des consommateurs. Alors nous supportons une partie des frais que ceux-ci auraient à payer, pour se procurer les objets qui leur plaisent : rien n'est assurément plus injuste. Si la prime est donnée à l'exportation, elle devient un véritable présent fait sur nos contributions aux consommateurs étrangers; et quand les marchandises, si bien favorisées, s'élèvent de prix dans l'intérieur, parce qu'elles sont plus exportées, ce renchérissement est un second impôt qui pèse encore sur nous.

Observons, enfin, que les ressources de la vieille doctrine économique ont perdu l'efficacité qu'elles pouvaient avoir jadis. Si vous gratifiez l'exportation de telle marchandise, rien n'empêche vos voisins de la charger, à l'importation, d'un droit égal à votre prime. La situation du commerce restera donc la même, et l'impôt que nous aurons payé sera versé dans la caisse d'un gouvernement étranger.

Les récompenses données à ceux qui perfectionnent les différens genres de fabrication, doivent surtout être de nature à faire connaître les noms des fabricans distingués : elles coûtent moins que des primes, et sont plus avantageuses.

Les récompenses excitent l'émulation ; une prime n'a rien qui flatte l'amour-propre : au contraire, elle annonce que telle industrie, faible encore, ne saurait exister sans appui. Les récompenses sont offertes à l'intelligence, à l'activité : les primes ont souvent protégé l'ignorance et la paresse. Quand on assure à des hommes un bénéfice, on ralentit leurs efforts : du moins faut-il atténuer ce funeste effet, en montrant l'époque où les secours cesseront d'être accordés.

Les dons du gouvernement aux manufacturiers embarrassés ne produisent qu'un bien partiel, et causent un mal général, s'ils contribuent à rendre plus aventureux les entrepreneurs. Je ne prétendrai pas cependant que ces dons soient toujours sans utilité ; ils peuvent être nécessaires pour prévenir des calamités, pour sauver telles manufactures et leurs nombreux ouvriers. Lorsqu'on parle d'administration, le mot *en général* doit être sous-entendu dans un grand nombre de phrases. Une vérité que M. Say répète plusieurs fois dans ses écrits, c'est qu'*il n'y a rien d'absolu en économie politique*. Expliquons ce-

pendant la pensée de l'auteur. Assurément, l'é-
conomie politique a des principes invariables,
susceptibles d'une démonstration rigoureuse ;
mais, lorsqu'on veut les mettre en pratique, on
rencontre souvent des obstacles, dont la plupart
naissent des fausses mesures que les gouvernemens ont prises dans l'ignorance de ces principes.
Ce n'est pas la science, ce sont ses applications
qui varient et qui n'ont rien d'absolu.

FIN DU DEUXIÈME LIVRE.

LIVRE III.

DE LA DISTRIBUTION DES RICHESSES.

CHAPITRE PREMIER.

DU REVENU.

Un revenu est cette part des produits qu'un homme obtient, dans le cours de l'année, soit en travaillant, soit en louant à d'autres les moyens de travailler qu'il possède.

On donne différens noms au revenu, selon la source qui le fait naître. On l'appelle *rente*, lorsqu'il vient d'une propriété, par exemple d'un domaine ou d'une somme prêtée à intérêt ; *profit*, lorsqu'il consiste dans les bénéfices d'une entreprise d'industrie ; *salaire*, lorsqu'il est le prix du travail de l'ouvrier.

Le revenu qu'on appelle *salaire* quand les

résultats du travail sont matériels, se nomme *appointemens*, *émolumens*, quand les produits sont immatériels. Si les fonctionnaires publics sont trop payés, la distribution des richesses est vicieuse sous ce rapport. C'est bien pis lorsqu'on fait contribuer les hommes laborieux, pour enrichir des gens qui ne font rien ou qui font des choses nuisibles.

Les rentes, les profits, les salaires sont spécialement du ressort de l'économie politique. Chaque espèce de revenu est une part des produits de la société : si cette part n'est ni assez faible pour que ceux qui en vivent soient dans un état de gêne, ni assez considérable pour s'être grossie au préjudice des autres, les richesses sont bien distribuées.

CHAPITRE II.

DE LA RENTE DES TERRES.

Les terres fournissent une rente aux propriétaires, des profits aux fermiers, et des salaires aux ouvriers de la campagne. Une famille qui cultive ses champs réunit les trois espèces de revenu.

L'exploitation des terres est, sous de nombreux rapports, l'industrie la plus importante: elle produit les subsistances et les matières premières; elle occupe la plus grande partie de la population; elle a sur les forces physiques de l'homme une influence salutaire; elle fait naître une prospérité moins sujette aux revers que celle dont la source est dans les ateliers et le commerce. Le genre d'industrie qui réunit tant d'avantages, est cependant le moins lucratif.

Il y a deux manières de placer un capital dans l'industrie agricole. Les propriétaires ont des terres et des bâtimens ; les fermiers ont des instrumens de culture, etc. Les causes qui rendent peu lucratives l'une et l'autre manières d'employer un capital seront faciles à saisir.

Le sol est borné dans son étendue, et la concurrence est grande pour acquérir des terres. On aime la solidité d'un tel placement, elle compense la faiblesse de l'intérêt : c'est un si grand bien que la sécurité ! D'autres avantages se lient à ce genre de possession : dans plusieurs pays, il donne des privilèges ; et partout les riches propriétaires ont un loisir qui leur permet d'occuper des fonctions publiques et d'exercer de l'influence. Une foule d'individus, sans porter si haut leurs vues, aspirent au moment d'acheter une petite propriété. Le pauvre regarde son champ comme une grande ressource ; il met de l'amour-propre à le posséder : sur son coin de terre, il est chez lui. Enfin, des idées de paix et de bonheur s'unissent aux idées de champs et de village ; beaucoup de personnes se représentent la campagne comme une douce retraite, et veulent l'habiter, au moins momentanément. Les terres à vendre sont presque toujours au-dessous de la quantité demandée, par conséquent elles sont chères; on ne peut tirer qu'un faible intérêt du capital employé à les acquérir.

Les hommes en état d'être fermiers sont bien plus nombreux que les propriétaires; ceux-ci, favorisés par la concurrence, sont maîtres d'élever la rente aux dépens des profits. Cependant les cultivateurs aiment mieux continuer les travaux dont ils ont l'habitude, que de tenter des entreprises qui rapportent davantage, mais qui sont plus hasardeuses, et pour lesquelles ils manquent de connaissances nécessaires. Il y a donc aussi pour eux des motifs de sécurité qui viennent compenser la faiblesse de leurs profits.

M. Ricardo explique d'une manière ingénieuse l'origine du fermage *. Dans un pays neuf, dit-il, les premiers occupans s'approprient les terres

* *Des Principes de l'économie politique*, tome I, page 68.

les plus fécondes et les mieux situées. Si le sol avait une étendue sans bornes, que partout il offrît une égale fertilité, et des débouchés également faciles, tous ceux qui voudraient des terres continueraient de s'en approprier, et nul homme ne voudrait cultiver pour un autre. Il n'en est pas ainsi. Quand les meilleures terres sont occupées, et qu'il n'en reste que de qualités inférieures, un nouvel arrivant peut juger plus avantageux de prendre à ferme d'excellentes terres que d'en défricher de médiocres; il aura moins de peines et plus de profits : il se décide à travailler pour un propriétaire. Cette idée sur l'origine du fermage est spécieuse ; mais je vois peu d'utilité à remonter ainsi aux premiers jours de l'appropriation des terres; il suffit d'observer ce qui se passe sous nos yeux. On conçoit très bien qu'un homme qui possède une machine, s'il ne veut pas l'employer lui-même, trouve quelqu'un qui lui donne une somme annuelle pour avoir le droit de s'en servir, et d'en tirer un profit. La terre aussi est une machine; ce qui la distingue des autres, c'est qu'elle

est très supérieure à celles qu'invente le génie
des arts; elle porte en elle-même une puissance
active que nous ne faisons qu'accroître et diriger. Le propriétaire d'un champ peut donc louer
cette machine qui lui appartient, et dont un
autre va se servir au grand avantage de tous
deux. Beaucoup de propriétaires trouvent agréable d'affermer leurs domaines, et de se livrer,
soit au repos, soit à des occupations plus douces
ou plus lucratives que celles qu'ils abandon-
nent. Des laboureurs, qui ne seraient qu'ouvriers
si les propriétaires cultivaient eux-mêmes, voient
aussi s'améliorer leur sort; ils se font entrepreneurs, les salaires dont ils vivaient sont rem-
placés par des profits; leur situation devient
plus libre et plus heureuse. Ainsi le fermage
existe pour l'intérêt commun de deux classes
nombreuses.

La qualité des terres n'a point, sur le taux de
la rente et du profit, l'influence que ferait supposer un coup-d'œil superficiel. On paie les
terres en raison de leur produit; si la rente est
considérable, le prix d'achat le fut aussi. Obser-

vous même qu'un excellent terrein porté très haut par la concurrence des acheteurs donnera, proportion gardée, une rente plus faible qu'un mauvais terrein pour lequel un seul acquéreur se sera présenté. Le taux du profit ne dépend pas non plus de la qualité du sol, puisqu'elle influe sur le montant de la rente que le fermier doit payer.

Ce qui fait augmenter d'abord le profit, ensuite la rente, c'est la bonne culture. Un fermier laborieux, intelligent et riche, qui rend les terres plus fécondes, voit ses profits s'accroître. Quand le bail est expiré, les améliorations tournent à l'avantage du propriétaire; elles lui appartiennent, et lui permettent d'élever la rente.

Il y aurait injustice à s'emparer des améliorations avant que le fermier eût recueilli le fruit de ses avances. Comme à la fin du bail il ne pourrait empêcher cette injustice, il la prévient en ne faisant que les avances dont il est assuré de jouir. Ainsi, quand le terme des baux est court, la bonne culture est impossible. Les propriétaires, dans les temps d'ignorance, louent pour peu d'années, et rendent facile la résiliation des baux : il pensent rester plus maîtres de leurs domaines ; mais ils entendent aussi mal leurs intérêts que ceux de la société.

Non-seulement un propriétaire doit passer des baux à long terme, mais encore il doit éviter de louer trop cher, afin de laisser la possibilité de faire des améliorations. Agir ainsi, c'est penser à ses enfans et même à soi, car c'est assurer le paiement de la rente. J'ai presque toujours vécu loin de mes propriétés ; j'ai cependant été payé plus exactement que bien d'autres, parce que je n'ai jamais voulu traiter qu'avec d'honnêtes gens, et à bon marché.

Le propriétaire qui renouvelle un bail, cherche à faire passer dans la rente une grande partie de l'augmentation du profit. Toutefois, les progrès de la culture contribuent, d'une manière permanente, à l'élévation du profit, de même qu'à celle de la rente. Dans un pays riche, éclairé, le fermier sait défendre ses droits ; il veut être bien nourri, bien vêtu, et se fait céder ce qu'exigent ses dépenses. Puis, dans cet état de la société, le propriétaire sait qu'une partie des bénéfices qu'il abandonne sera mise en améliorations nouvelles ; et l'on peut dire encore qu'un sentiment d'équité l'empêche d'abuser de sa position. La rente des terres s'est élevée, et cependant elle a dans les produits une part moins forte qu'autrefois ; les profits des fermiers sont par conséquent augmentés : les deux classes ont vu leur sort amélioré par le développement de l'industrie agricole.

Je parle d'un état avancé de la civilisation ; il faut long-temps pour arriver à ce degré de liberté et d'aisance. Les richesses sont très diversement réparties, selon la condition des hommes qui cultivent les terres.

Les peuples anciens employèrent des esclaves à la culture ; et l'Europe ne voit pas encore tous ses enfans disposer librement d'eux-mêmes et des fruits de leurs travaux. Il est une situation de la société où l'on peut dire que les richesses ne sont point distribuées : les uns ont tout, les autres n'ont rien. Alors des hommes font partie des propriétés d'autres hommes; ce sont des capitaux vivans, des machines souffrantes. L'humanité, la religion s'élèvent contre cette dégradation criminelle; l'intérêt éclairé vient les seconder. Quelque terrible action que les coups et les supplices aient sur des êtres animés, on reconnaît que, pour rendre l'homme habile au travail, leur fatal aiguillon est moins puissant que ne le serait la certitude ou l'espoir de posséder en paix les fruits du travail. On cherche donc et l'on trouve divers moyens pour donner une ombre de propriété au cultivateur qui ne s'appartient pas. Je manque de courage pour m'arrêter sur ce déplorable sujet, pour indiquer les nuances qui existent entre les différentes espèces d'esclaves, entre ceux-ci et les serfs, dont la condition n'est pas non plus uniforme. Je renvoie à l'ouvrage composé en Russie par M. Storch. On y verra des faits importans, on y remarquera des détails sur l'augmentation de richesses obtenue, dans plusieurs états, par l'affranchissement des cultivateurs. *

* *Cours d'économie politique*, tome III, 1ʳᵉ partie, liv. VIII, et 2ᵉ partie, liv. II.

Il ne suffit point qu'une contrée soit libre pour qu'on y trouve des fermiers. Si elle est pauvre, elle n'a que des métayers, c'est-à-dire des laboureurs sans capitaux, qui portent leur faible industrie sur des domaines dont les propriétaires fournissent tous les moyens de culture. Le métayer est intéressé aux progrès de l'industrie agricole; il cultive à moitié fruits, ou même il paie une rente convenue; mais il obtient difficilement du propriétaire les avances qu'exigeraient de grandes améliorations; et d'ailleurs, son intelligence est peu développée, son instruction est nulle; il végète dans la misère. En France, avant la révolution, les métayers cultivaient plus de la moitié des terres. *

Des laboureurs plus actifs, plus économes que les autres, se créent des capitaux; alors, ils afferment des terres sur lesquelles ils portent les instrumens et les divers objets qu'exige une exploitation rurale : voilà les fermiers, les hommes en état d'opérer des améliorations importantes.

* Environ les quatre septièmes.

C'est lorsque la culture est dans leurs mains que les richesses agricoles sont le plus abondantes et le mieux distribuées.

Si les propriétaires cultivaient eux-mêmes, sans doute il y aurait un avantage, puisque la rente et le profit appartenant alors à la même personne, de plus grands capitaux pourraient être employés en améliorations de culture. Mais un pareil changement, dans l'existence des propriétaires, ne serait ni possible ni desirable. Il faut craindre de se livrer à son imagination sur les sujets qui nous occupent. Le contraste que la vie laborieuse et souvent pénible des cultivateurs forme avec la vie oisive ou même dissolue d'un certain nombre de propriétaires, a fait débiter beaucoup de rêveries par des esprits moroses. Dans des temps agités, quelques factieux en délire sont allés jusqu'à former le vœu de voir la possession des terres passer aux agriculteurs, qui jouiraient de tous les bénéfices, de même qu'ils portent le poids de tous les travaux.

Sans s'arrêter sur de telles folies on peut demander si les cultivateurs, en prenant les domaines, ne prendraient pas aussi les goûts des anciens possesseurs. Sans doute ils trouveraient commode de faire exploiter par d'autres ces terres dont la rente suffit pour se procurer une existence agréable. La situation sociale serait bientôt la même qu'auparavant, sauf l'effroyable souvenir d'une vaste spoliation. Si l'on forçait les nouveaux propriétaires à rester agriculteurs, du moins ne pourrait-on les contraindre à travailler avec activité. La plupart se borneraient à cultiver, pour leurs besoins, les terres fertiles qu'on exploite avec le moins de peines et d'avances : il y aurait une effrayante diminution de produits agricoles. Supposons, enfin, contre toute raison, que l'activité ne s'affaiblît point. Si tous les hommes se livraient à des travaux matériels, on verrait la civilisation s'éteindre. Que serait la société privée des produits immatériels ? L'économie politique a deux avantages : elle fait connaître des moyens réels d'améliorer notre sort; elle prémunit contre les rêves des insensés qui bouleverseraient l'ordre social en voulant le réformer.

CHAPITRE III.

DE LA RENTE DE L'ARGENT.

Une observation suffit pour éclaircir la question, si souvent débattue, de la légitimité du prêt à intérêt. L'argent, a-t-on dit, ne produit rien ; donc le prêt d'argent ne doit rien rapporter. Mais, on n'emprunte pas une somme pour elle-même, puisqu'on ne la garde point ; ce qu'on emprunte réellement, ce sont les divers objets contre lesquels on se hâte de l'échanger. Un homme industrieux qui veut former une entreprise, s'il n'a pas les avances nécessaires, se les procure par un emprunt, avec lequel il fait exécuter des constructions, achète des machines, etc. Il acquitte le loyer de ces instrumens de travail, en payant un intérêt au prêteur, dont il a reçu les moyens de commencer son entreprise et sa fortune.

Il y a, dans la société, des propriétaires d'argent ainsi que des possesseurs de terres. Les uns et les autres ont tiré des mêmes sources leurs fortunes différentes; ils les doivent, soit à leurs travaux et à leurs épargnes, soit aux travaux et aux épargnes de leurs pères. Pour se former un revenu, les uns et les autres peuvent employer eux-mêmes leurs propriétés, ou bien en louer l'usage à des gens industrieux.

Cependant l'opinion générale a mis une grande différence entre les loueurs de terres et les loueurs d'argent, différence toute à l'avantage des premiers. Ces deux classes d'hommes excitent, dans la multitude, des sentimens d'envie; et les capitalistes surtout ont dû se voir en butte à des préventions. Sans parler de la difficulté de les soumettre aux charges de l'état, leur vie paraît être plus oisive encore que celle des propriétaires. Ceux-ci ont à s'occuper de leurs terres, même après les avoir louées, car elles sont susceptibles d'être améliorées ou détériorées, selon

le mode de culture ; ils doivent, en mainte occasion, des secours et des conseils à leurs fermiers ; ils peuvent rendre à l'agriculture d'importans services ; ils sont les intermédiaires naturels
du savant agronome et du cultivateur trop souvent privé d'instruction. Sans doute beaucoup
de propriétaires vivent étrangers à de si nobles
soins ; mais ceux-là négligent leurs devoirs et
leur fortune. Les capitalistes, au contraire, n'ont
point à surveiller les travaux des emprunteurs
de leurs fonds, et seraient même fort mal reçus
à vouloir s'en mêler : ils prêtent leur argent,
prennent des sûretés, touchent les intérêts, et
reçoivent le remboursement à l'époque fixée,
sans que leurs capitaux se trouvent augmentés ni
diminués par l'usage que les emprunteurs en ont
fait. Ajoutons qu'il serait bien difficile de louer
les domaines à des prix excessifs, tandis qu'il
est assez facile de tirer de l'argent un intérêt
exorbitant. Aussi, voit-on à quelques époques
pulluler des gens infâmes, justement flétris par le
nom d'usuriers, avec lesquels la multitude a souvent confondu tous ceux qui prêtent de l'argent.

Portons des jugemens plus sages. Un capitaliste oisif est très peu digne d'estime; mais c'est parce que sa vie s'écoule dans un honteux égoïsme, non parce que ses fonds lui rapportent un revenu. Le propriétaire oisif est dans la même situation. Si les hommes dispensés des travaux ordinaires donnent l'exemple des vices, il est juste que le mépris public serve de correctif à cet exemple. Mais, lorsque ces hommes profitent de leur indépendance, et nous apportent de nouvelles lumières, on doit bénir le sort qui leur fit des loisirs, dont ils se plaisent à féconder l'usage.

Proscrire le prêt à intérêt, ce serait paralyser l'industrie. Un très grand nombre de gens laborieux, intelligens, ne peuvent donner l'aisance à leur famille, et contribuer au bien-être de la société, qu'en recourant à des emprunts, pour se procurer les instrumens du travail. Une foule de prêts, les uns considérables, les autres modiques ou très faibles, animent toutes les branches d'industrie. Ces prêts, ces avances cesseraient dès l'instant où les capitalistes n'en retireraient aucun fruit. A l'exception de quelques hommes guidés par des motifs de pure bienfaisance, tous ceux qui n'emploieraient pas eux-mêmes leurs fonds, les garderaient; puisque du moins ils auraient ainsi la certitude de ne pas les perdre.

J'ajoute une observation que je crois importante. Flétrir le prêt à intérêt, c'est appeler la dissipation; c'est exciter une multitude de personnes à dépenser les petites sommes qu'elles auraient conservées, puis augmentées par de nouvelles épargnes, et qui, prêtées un jour, auraient offert le double avantage d'être utiles à l'industrie, et de contribuer à l'aisance de leurs économes possesseurs.

La masse de numéraire qui se trouve dans un pays ou, si l'on veut, dans l'univers, se divise en trois parties. L'une est enfouie ou mise en réserve; elle est inutile, du moins au moment actuel. Une autre est employée aux dépenses que les hommes font pour eux, pour leurs familles; elle leur procure les objets qui tombent dans ce que nous avons appelé le *fonds de consommation*.

La troisième enfin se compose des sommes qui servent aux entreprises d'industrie, et de celles qui pourront y être employées, parce que leurs possesseurs ont dessein de les prêter. Cette dernière partie est la seule qui forme les capitaux en argent, qu'on ne doit pas confondre, comme on l'a fait souvent, avec la totalité des espèces monnayées. Répandre des préjugés contre le prêt à intérêt, c'est nuire à l'accroissement de cette précieuse partie du numéraire, c'est la diminuer pour grossir les deux autres, c'est favoriser l'avarice et la dissipation au préjudice de l'industrie.

Si les prêts sont nécessaires à l'activité du travail, il est facile de juger que plus l'intérêt est modique, mieux les prêts servent cette activité. Une part des produits se divise en intérêts pour le prêteur, en profits pour l'entrepreneur : le premier lot ne peut s'accroître sans diminuer le second; et s'il l'affaiblit trop, les producteurs se découragent. Dans la concurrence avec l'étranger, le pays où l'intérêt est bas a nécessairement un avantage sur celui où l'intérêt est élevé. L'habileté, les moyens économiques de fabrication peuvent compenser les inconvéniens d'un haut intérêt; mais il sera toujours vrai, comme on l'a dit, que deux négocians, dont l'un emprunte à meilleur marché que l'autre, sont dans la même position que deux coureurs dont l'un a quelques pas d'avance.

Si l'on juge avantageux que l'intérêt soit bas, on ne peut méconnaître combien il est utile que les prêteurs soient nombreux. Le taux de l'intérêt est déterminé par le rapport entre les offres et les demandes, rapport qui, en dernier résultat, est le régulateur du prix de tout ce qui se vend et se loue.

Les diverses causes qu'on assigne aux variations de l'intérêt sont illusoires, ou rentrent dans celle dont je parle. Quand l'industrie languit, quand il y a peu d'affaires commerciales, l'intérêt baisse, parce que le nombre des offres d'argent surpasse celui des demandes. Quand, au contraire, l'industrie reçoit une grande impulsion, les demandes se multiplient, leur nombre excède celui des offres, et l'intérêt s'élève.

Une longue prospérité fait baisser l'intérêt. Nous avons vu, dans le premier livre de cet ouvrage, que le capital en argent n'est qu'une faible partie des capitaux d'un état. Lorsqu'ils sont devenus très considérables, qu'il existe un grand nombre de constructions, d'ateliers garnis d'outils et de machines, de magasins remplis de matières brutes et de marchandises fabriquées, il est à-la-fois plus facile de s'en procurer, et plus difficile de les employer, puisqu'on trouve, dans tous les genres d'industrie, une forte concurrence. C'est ainsi que la prospérité finit par contribuer, sous un double rapport, à la diminution des demandes d'argent, et par conséquent à la baisse de l'intérêt.

Les profits élevés de l'industrie, la rareté des capitaux et les risques des prêteurs, sont les trois causes qui ont le plus d'influence sur la hausse de l'intérêt, c'est-à-dire qui concourent le plus puissamment à faire surpasser aux demandes le nombre des offres. On doit conclure de cette observation qu'il est absurde d'aspirer à réduire par des lois le taux des emprunts. Ces

lois ne sauraient avoir aucune espèce d'action sur les deux premières causes, et doivent en exercer une fâcheuse sur la troisième. Ces lois diminuent le nombre des prêteurs; et ceux qui manquent de délicatesse, charmés des avantages que leur assure une plus faible concurrence, en profitent pour se faire payer, non-seulement ce que vaut leur argent, mais encore ce que valent les nouveaux dangers qu'ils affrontent.

C'est surtout en diminuant les risques des prêteurs que la législation peut influer sur l'intérêt. La sûreté du commerce veut que les biens et même la personne de l'emprunteur puissent répondre de ses engagemens. Abusé par une vague philantropie, on pose mal la question, lorsqu'on dit qu'il est immoral de mettre en balance la liberté avec un peu d'argent : ce n'est pas un peu d'argent, c'est la bonne foi, la fidélité aux promesses, que le législateur préfère à la liberté de quelques individus.

Indépendamment des sûretés légales, il en est qu'un entrepreneur doit offrir par lui-même. Celui dont la réputation de probité est dès long-temps établie, celui dont la prudence et l'activité sont citées pour exemple, trouvera toujours de l'argent au prix le plus bas du commerce. La probité est une garantie si forte, que les fripons, lorsqu'ils veulent spéculer sur les emprunts, ne manquent pas d'affecter des mœurs austères. Il en est qui passent pour des saints jusqu'au jour fatal à leurs dupes ; encore jouent-ils si bien leur rôle que, même après la catastrophe, on voit des gens leur chercher des excuses, et trouver des torts à leurs victimes.

Des idées morales sont nécessaires aux prêteurs pour diriger leurs placemens. La richesse d'un emprunteur, les sûretés qu'on peut prendre avec lui, ne sont pas toujours des garanties suffisantes. S'il ne cherche des fonds que pour les dissiper, ou s'il veut les employer à des entreprises, mais qu'il soit aventureux, qu'il manque de lumières ou d'économie, ne lui confiez pas votre argent : toutes les sûretés qu'il peut offrir ne vous garantiraient pas de beaucoup de frais et d'ennuis.

La liberté du prêt à intérêt n'exige point qu'on ferme les yeux sur les abus qui peuvent en résulter. Plusieurs écrivains méritent un grave reproche pour n'avoir pas fait cette observation, en sorte qu'ils semblent autoriser toute espèce d'usure. L'impunité des vols n'a point de rapport avec la liberté des contrats. Un négociant est libre de vendre et d'acheter au taux qui lui convient; mais, s'il fait des escroqueries, s'il vend des marchandises très cher pour les racheter à vil prix, il doit encourir des peines chez tous les peuples civilisés, dont aucun cependant ne songe à taxer les marchandises. Le prix des terres est librement débattu entre les vendeurs et les acheteurs; cependant, les lois annullent une vente pour lésion d'outre-moitié. On peut faire des friponneries en louant de l'argent, comme en vendant toute autre marchandise. Le prêteur infâme dont l'occupation est de chercher de jeunes étourdis ou des familles malheureuses qui souscrivent à toutes les conditions qu'il impose, commet des vols, et les commet sur des gens que les lois doivent protéger d'autant plus qu'ils sont moins en état de se défendre.

De grandes difficultés se présentent lorsqu'il s'agit d'atteindre ce délit, puisque les lois
ne doivent pas régler les conditions des emprunts. L'usure résulte non de l'intérêt exigé ,
mais de la situation des personnes dont on l'exige.
Je pense que les délits de ce genre ne peuvent
être jugés que par les tribunaux de commerce,
ou par des jurys spéciaux formés de commerçans.

On déguise aisément l'intérêt qu'on exige; puis,
la délicatesse ou la honte dispose, en général,
les victimes de prêts usuraires à remplir leurs
engagemens, plutôt que de révéler le crime d'autrui et leurs malheurs ou leurs fautes. Dans les
pays en proie au fléau de l'usure , il serait avantageux de faire concourir avec les moyens de
répression que doit employer la justice, d'autres
moyens peut-être plus efficaces. Des capitalistes
rendraient un important service en établissant
des caisses de prêt au taux courant de l'intérêt
du commerce. Cette spéculation, que le gouvernement ou les administrations de province pourraient encourager en donnant quelques fonds ,

aurait le double avantage de combattre l'usure,
et d'éclairer l'opinion sur le prêt à intérêt, sur
cette manière aussi légitime que toute autre de
se former un revenu quand elle n'est pas corrom-
pue par la mauvaise foi et la cupidité.

CHAPITRE IV.

DES PROFITS ET DES SALAIRES.

La part que les profits absorbent dans les produits de l'industrie est bien moins considérable que celle dont les salaires se composent ; mais elle est peu divisée, relativement à l'autre qui se distribue dans une prodigieuse multitude de mains : aussi des entrepreneurs peuvent-ils devenir opulens, tandis que les ouvriers ont peine à se procurer une modeste aisance.

Cette inégalité non-seulement est inévitable, mais elle n'est pas contraire à la justice, ainsi que le croient trop souvent ceux qui sont le moins favorisés. Pour former une entreprise d'industrie, il faut des avances acquises par son travail ou par celui de ses pères : si elles sont empruntées, elles supposent une réputation qui mérite la confiance; il faut des études spéciales, un esprit juste, actif, quelquefois même une capacité peu commune. On crée une manufacture à ses risques et périls; et tandis qu'on paie avec exactitude les travaux qu'on dirige, on peut être en proie à des angoisses causées par les nombreuses chances de perte auxquelles on est si souvent exposé. Il est donc juste que la part du fabricant puisse surpasser de beaucoup celle de l'ouvrier, qui se livre à des travaux faciles, qui n'a pas besoin d'avances, et dont la part est garantie.

Le revenu de l'entrepreneur se divise en trois parties. L'homme qui fait une entreprise doit y trouver l'entretien de sa famille, l'intérêt de ses capitaux, et des profits, avec lesquels il ne faut pas confondre les deux autres parties du revenu. On obtiendrait celles-ci sans avoir d'établissement à son compte, si l'on travaillait pour autrui, et qu'on prêtât ses capitaux. La somme qu'un entrepreneur dépense nécessairement pour son entretien et pour celui de sa famille est un salaire qu'il se paie à lui-même. L'intérêt de ses

capitaux fait partie des avances de fabrication.
Si l'on a mis soixante mille francs dans une manufacture, et que, dépenses prélevées, on recueille trois mille francs dans l'année, on n'a
pas de profit, puisqu'on a seulement l'intérêt du
capital. Les profits sont l'excédant de valeur
des marchandises sur la valeur de toutes les
avances employées à les produire.

Les profits peuvent être fort différens dans le
même genre d'industrie : leur différence résulte
en partie de causes matérielles. Dans tel lieu,
la main-d'œuvre et les approvisionnemens sont
à meilleur compte, les débouchés sont plus faciles qu'ailleurs. D'autres causes naissent des
lumières et de la conduite de l'entrepreneur.
Tel s'enrichit et tel autre se ruine, sans que les
causes de leurs destinées soient ailleurs qu'en
eux-mêmes.

Les profits diffèrent dans les diverses branches d'industrie : on en voit qui deviennent très
lucratives, et qui perdent ensuite leurs avantages.
Les grandes causes de ces variations sont les besoins, les goûts des consommateurs, qui rendent

les demandes plus nombreuses pour certains produits que pour d'autres; et la concurrence des
producteurs qui divise plus ou moins les bénéfices.
Cependant, les profits tendent toujours à s'éga-
liser dans les différens genres d'industrie, parce
que les capitaux se dirigent vers les travaux qui
sont le mieux rétribués. Cette tendance naturelle, si favorable à la bonne distribution des
richesses, fut souvent gênée par les gouvernemens. Si le travail n'est pas libre dans un état ,
comment ses habitans donneraient-ils à leurs
capitaux l'emploi le plus utile? La liberté même
ne suffit pas , il faut y joindre l'instruction : il
faut encore que, sous l'influence de la liberté
et de l'instruction, les capitaux se soient accumulés en assez grande abondance pour que les
hommes puissent facilement choisir , modifier,
changer la direction de leur industrie. Quand
nos cultivateurs se plaignent du bas prix des
grains, si vous leur dites : faites croître moins
de céréales, et nourrissez plus d'animaux,
vous offrez sans doute un bon conseil ; mais,
comment serait-il suivi ? nos cultivateurs man-

quent d'instruction, et nos terres de capitaux.

Il est rare de ne pas entendre les entrepreneurs se plaindre de la faiblesse ou de la nullité de leurs bénéfices. Ces plaintes sont de tous les temps et de tous les pays. Souvent les commerçans ressemblent à ce banquier qui, après avoir spéculé sur la dépréciation d'un papier-monnaie, disait avoir perdu deux cent mille francs : il avait espéré que ses opérations lui vaudraient cinq cent mille francs, il n'en avait gagné que trois cent mille. Les entrepreneurs sont sujets à des pertes malheureusement trop réelles; mais il n'en est pas moins vrai que leurs plaintes continuelles, presque toujours exagérées, sont une source d'erreurs pour le public, pour l'administration et pour les écrivains.

Lorsqu'il y a peu de lumières, l'entrepreneur d'industrie croit que ses intérêts sont en opposition avec ceux des ouvriers et ceux des consommateurs. Payer peu les premiers, vendre cher aux seconds, voilà les deux moyens sur lesquels il fonde l'espoir de grands bénéfices.

Cette manière de spéculer résulte des faux

calculs de l'ignorance. Observons d'abord que les profits élevés, dus à de tels moyens, ne sont nullement un signe de prospérité publique. On les obtient dans les temps où il y a peu de capitaux et peu d'entreprises. On les voit baisser à mesure que les spéculations devenant plus nombreuses, il faut pour avoir des ouvriers, les mieux payer ; et pour attirer les acheteurs, vendre à meilleur marché.

Si l'on calcule les profits que l'industrie obtenait, lorsque les entrepreneurs gagnaient énormément, parce qu'ils étaient en petit nombre, si l'on calcule ensuite les profits que l'industrie recueille, lorsque la concurrence fait naître des plaintes intéressées, on voit le second total surpasser de beaucoup le premier. Ainsi, à la seconde époque, l'aisance est plus répandue.

Les profits qui naissent de bas salaires et de hauts prix de vente sont odieux. Quand les entrepreneurs les voient diminuer, et poussent des cris d'alarme, on pourrait se borner à leur dire de considérer combien leur sort est préférable encore à celui des hommes qui partagent avec eux les travaux de l'industrie. Une manufacture pourrait, à la rigueur, se soutenir sans rapporter de profit ni même d'intérêt, si les capitaux appartiennent à l'entrepreneur, puisque le travail de celui-ci pourvoirait encore à l'entretien de sa famille. L'ouvrier se consume en efforts pour obtenir des résultats plus modestes. Je n'insiste point cependant sur ces idées qui ressemblent trop à celles des hommes atrabilaires qu'importunent les richesses d'autrui, et qui voudraient les réduire, comme s'ils pouvaient augmenter ainsi leur fortune. Je ferai même observer qu'un établissement aussi misérable que je viens de le dire, bien qu'il pût continuer d'exister, serait sans doute abandonné, l'entrepreneur ayant plus d'avantages à prêter ses capitaux, et à travailler pour le compte d'un autre. Une baisse trop forte des bénéfices serait sans utilité pour le public : beaucoup de manufactures tomberaient ; et la concurrence diminuée laisserait remonter le taux des profits.

Je ne tarderai pas à revenir sur la fausse théorie qui ferait agir les entrepreneurs du travail en ennemis des ouvriers et des consommateurs ; mais, pour la réfuter, j'ai besoin de considérer les salaires.

Leur prix courant est, presque toujours, au-dessous de leur valeur réelle. Observons les nombreux élémens dont celle-ci se compose. Il faut que l'ouvrier gagne ce qu'exigent son entretien et celui de sa famille ; il faut que les jours de travail soient assez rétribués pour subvenir aux besoins des jours où l'on ne travaille point ; et ces derniers ne sont pas seulement les jours de fêtes, ce sont encore ceux où l'on ne peut se procurer de l'ouvrage, et ceux où des maladies contraignent à l'inaction, ainsi qu'à de nouvelles dépenses ; enfin arrive une longue maladie, la vieillesse, pour laquelle il faut que le revenu de l'ouvrier lui permette de faire des épargnes. Qu'on juge s'il y a beaucoup de pays et d'époques où les salaires soient portés à leur valeur réelle.

Le travail est une espèce de marchandise ; le prix en est donc réglé par le rapport entre l'offre et la demande. Non-seulement le régula-

teur des prix est en général contre les ouvriers, mais encore le besoin, que les hommes
ont les uns des autres, n'est pas égal pour tous.
Dans une discussion sur le prix du travail, comment l'ouvrier ne céderait-il pas ? il est forcé, sous
peine de la vie, de trouver sans retard une occupation ; l'entrepreneur peut vivre et différer
de l'occuper.

Il est évident que le prix du travail ne peut
être, d'une manière permanente, au-dessous de
ce qu'il faut à l'existence des travailleurs ; mais
on a trop de preuves que ceux-ci peuvent être
réduits à ce qu'il faut strictement pour exister.
On voit même les salaires descendre et rester
quelque temps au-dessous d'un taux si bas. Alors,
l'ouvrier se dépouille de ses modiques économies, il vend pièce à pièce un chétif mobilier ;
il n'est plus vêtu, il se couvre de haillons ; et se
soutient en retranchant de sa nourriture.

Le taux des salaires n'est pas réglé par le prix
des subsistances, comme on l'a souvent prétendu. Les subsistances éprouvent, dans leurs
prix, bien plus de variations que les salaires.

Si le travail était payé en raison de la valeur des grains, les mauvaises années seraient indifférentes à l'ouvrier : il n'en est pas ainsi ; et même, dans les temps de disette, souvent on voit une concurrence de misère réduire les travailleurs à s'offrir, avec anxiété, pour le prix le plus vil. Une sorte de fatalité semble poursuivre la classe nombreuse. Si, dans les années de cherté, les salaires ne haussent pas en proportion de l'accroissement du prix des denrées, l'ouvrier souffre ; et si les salaires s'élevaient de manière à rétablir l'équilibre, le travail renchéri serait moins demandé. Ainsi, le malheureux ouvrier est peu payé chaque jour, ou il est employé peu de jours.

Cependant, la classe qui vit de salaires forme les trois quarts de la population. Comment parler de prospérité, lorsque tant d'hommes sont dans la gène et la misère ? Comment concevoir qu'un état soit heureux, si la plupart de ses habitans souffrent ? Aussi long-temps qu'on verra, même dans les pays riches, une multitude d'individus manquer des choses nécessaires, on pourra dire que l'économie politique n'a pas découvert les principes qui doivent diriger l'industrie, ou que l'administration ne sait pas profiter de ces principes.

Le premier et le plus sûr remède contre les maux dont nous venons d'être frappés, serait l'instruction, le développement moral des facultés intellectuelles, dans toutes les classes de la société.

Un ouvrier qui raisonne sait qu'il n'améliorerait point sa position en excitant des troubles, qu'il diminuerait la demande du travail, et se trouverait plus embarrassé pour vivre ; il sait que le meilleur moyen pour triompher de la concurrence est de se distinguer par son habileté et sa bonne conduite. S'il n'obtient pas toujours ainsi de plus forts salaires, du moins sera-t-il plus certain de trouver toujours de l'ouvrage. Ensuite, quand la classe laborieuse est intelligente, elle prend des habitudes qui garantissent son bien-être. Partout on reconnaît que le salaire doit suffire à l'entretien de celui qui le gagne ; mais les objets qu'exige cet entretien varient beaucoup d'un pays à un autre. Le climat n'est pas la seule cause de cette différence ; l'état de la civilisation a souvent plus d'influence encore sur la manière de se nourrir, de se vêtir, de se loger. On ne dit pas à des gens accoutumés à porter des souliers : nous voulons vous payer moins ; marchez pieds nus. Une sorte de fierté d'un côté, et de pudeur de l'autre, empêche que la classe ouvrière ne soit réduite au strict nécessaire.

C'est un grand crime que de retenir injustement le salaire des ouvriers : on commet ce délit, si l'on abuse de leur situation , et qu'on les force à travailler pour un prix inférieur à celui qu'on devrait leur donner. Quand l'éducation du pauvre est bonne, celle du riche, sans doute, est bonne aussi. Dans cet état de la société, les entrepreneurs, par équité, ne veulent pas , ou par respect humain n'osent pas abuser trop de leurs avantages. On les voit même, alors, essayer d'ajouter aux salaires en imaginant des établissemens de bienfaisance , des associations de secours, des caisses d'épargne, pour subvenir aux besoins de l'âge et du malheur.

Les calculs de l'avidité sont faux et préjudiciables à tous les intérêts. Si le travail devient plus cher quand les ouvriers acquièrent de l'intelligence, les entrepreneurs sont amplement dédommagés, parce qu'ils obtiennent une plus grande quantité de produits, et que les produits sont mieux fabriqués. Il n'y a de bons ouvriers que ceux qui mettent de l'amour-propre dans leurs travaux ; et quel sentiment élevé pourraient avoir des mendians ? On ne trouve sous l'empire de la misère qu'une population vile , sans intelligence et sans activité. Arthur Young dit qu'en Irlande, *le travail est à bas prix, mais non à bon marché.* Il y a, dans cette phrase, toute une excellente leçon d'économie politique. Ainsi, les intérêts de l'entrepreneur et ceux de l'ouvrier ne sont pas opposés, comme on le croit , sur l'apparence ; et c'est une première preuve que l'opinion mercantile dont j'ai parlé manque d'exactitude.

Pour les progrès de l'industrie , autant que pour le bien de l'humanité, il faut donc se garder de réduire les salaires au taux le plus bas qu'il

est possible. Entre le prix du travail et le prix des
objets utiles aux travailleurs, il existe des rapports qu'on doit respecter. Mais, on ne connaît
encore qu'imparfaitement mon opinion sur le
sujet qui nous occupe, et les réflexions les plus
importantes me restent à présenter. Après avoir
combattu l'ignorance qui prétend fonder la prospérité publique sur la misère générale, on fait
preuve de peu de lumières si, pour répandre
l'aisance, on propose simplement d'augmenter
le prix des journées, de donner à l'ouvrier plus
de pièces de monnaie pour le même travail.

Si l'on élevait les salaires pour une profession,
et qu'ils restassent bas pour les autres, assurément ceux qui exercent cette profession se
trouveraient dans l'aisance, puisqu'ils auraient
plus d'argent, et que le prix des objets dont ils
ont besoin ne serait pas augmenté. Mais, si l'on
ne fait pas une exception pour un genre d'industrie, si l'on paie mieux tous les ouvriers, chacun d'eux perdra d'un côté, ce qu'il gagnera
de l'autre. Le renchérissement des produits,
causé par la hausse des salaires, mettra les ou-

vriers dans la situation où ils étaient avant l'accroissement du prix des journées: ils gagneront
plus , ils dépenseront plus : leur misère sera la
même qu'auparavant. Je ne dis point assez : elle
augmentera. Les produits renchéris seront moins
demandés dans l'intérieur, et ne soutiendront
plus la concurrence dans les marchés étrangers;
il y aura donc diminution de travail, accroissement de misère. L'économie politique présente
des questions très complexes : en voulant secourir une classe d'individus, souvent on nuit à
d'autres ; souvent même une réaction imprévue
devient funeste à la classe qu'on voulait favoriser.

C'est un fait dont la preuve serait superflue ,
que le renchérissement du travail accroît le
prix des marchandises. Smith , à la vérité, prétend que les hauts profits ajoutent, plus que les
hauts salaires , à la valeur de l'ouvrage; d'où
il résulterait qu'une baisse des profits peut facilement compenser une élévation des salaires *.

---

* *Richesse des nations*, tome 1, page 199.

Il y a, nécessairement, quelque chose de subtil et d'inexact dans sa manière de calculer. Supposons qu'un manufacturier emploie cinq cents ouvriers, et que son profit annuel soit de vingt mille francs. Si ces ouvriers travaillent trois cents jours dans l'année, et qu'on les paie deux francs par jour, le total des salaires sera de trois cent mille francs. La partie du prix des marchandises qui représente les profits ne sera que le quinzième de celle qui représente les salaires. Il est donc évident qu'une hausse, même forte, des profits serait moins sensible, dans la valeur des produits, qu'une hausse, même faible, des salaires.

Les ouvriers, c'est-à-dire les trois quarts d'une nation, doivent être en état de se procurer les objets nécessaires pour rendre douce leur existence. Cependant l'augmentation du prix des journées, comme on la conçoit généralement, ne saurait produire ce résultat. Il y a donc un problème du plus haut intérêt à résoudrè. Telle est son importance que, s'il était insoluble, toute la science des richesses serait vaine.

Ce problème peut être résolu. Il y a deux manières d'accroître un revenu. On peut l'augmenter numériquement ; et celui qui le reçoit aura
les moyens d'acheter, en plus grande quantité,
les objets qu'il desire. On peut l'augmenter en
diminuant le prix de ces objets , puisque le possesseur du revenu aura de même la faculté de
se les procurer en plus grand nombre. Les salaires sont le revenu de l'ouvrier. Ce qui les rend
élevés ou bas, ce n'est point leur taux nominal ;
c'est la quantité, considérable ou faible , de
choses utiles, commodes, dont ils donnent la
disposition. Le moyen efficace pour les élever,
est moins de les hausser numériquement que de
baisser le prix des marchandises. L'aisance générale ne sera jamais l'effet que du bon marché
des produits.

Si les ouvriers étaient plongés dans l'ignorance
et l'abjection, la baisse des marchandises amène-
rait la baisse des salaires. Mais nous avons vu
que l'éducation , le développement de l'intelligence, donne à la classe ouvrière les habitudes
qu'exige son bien - être, et met des bornes

au pouvoir de la classe des entrepreneurs.

Les marchandises les plus utiles sont les grains qui servent à la subsistance. Dans un pays tel que l'Angleterre, où le territoire appartient à de grands propriétaires, il n'y aurait que des avantages à faire baisser le prix des céréales, si comme je le pense, cette diminution n'affectait que le taux de la rente. Lorsqu'on s'est approprié le sol d'un état, il serait assez juste qu'on ne vendît pas trop cher ses produits aux habitans. Dans les contrées, telles que la France, où les petits propriétaires sont très multipliés, on ne peut demander une forte baisse dans le prix des grains; on doit seulement desirer que ce prix ne soit jamais excessif, et soit toujours à-peu-près uniforme. Mais les denrées ne sont pas tout pour la classe ouvrière; elle a besoin d'objets qui servent au vêtement, au logement; et si ces objets sont à bas prix, il reste davantage pour la subsistance et pour l'épargne.

Ce qu'on appelle la hausse des salaires peut avoir de funestes effets. La baisse du prix des marchandises a des résultats bien différens.

Cette baisse accroît la demande, et devient une source de profits. Seconde preuve que l'intérêt de l'entrepreneur n'est pas en opposition avec ceux du consommateur et de l'ouvrier.

L'aisance générale, je le répète, ne peut être obtenue que par le bon marché des produits. J'ose affirmer que c'est en cherchant dans cette voie qu'on trouvera les moyens d'opérer les plus grandes améliorations sociales, sous le rapport des richesses. On ne sait pas encore combien les objets propres à satisfaire nos besoins peuvent devenir abondans et de peu de valeur. Les progrès de la civilisation tendent à faire baisser le prix des marchandises, car ils augmentent la concurrence, multiplient les matières premières, et rendent plus rapides et moins coûteux les procédés des fabriques. Il faut seconder cette impulsion surtout par la liberté, l'instruction et la paix.

CHAPITRE V.

DES MACHINES.

Ce sujet a des rapports faciles à saisir avec celui que je viens de traiter. Les machines ont une action puissante sur l'abondance et le bas prix des marchandises. Cependant beaucoup de personnes croient nuisible à la distribution des richesses l'emploi de ces outils perfectionnés qui, disent-elles, augmentent les profits aux dépens des salaires, et n'enrichissent quelques entrepreneurs qu'en ruinant une foule d'ouvriers.

Souvent les hommes agitent des questions décidées; ils les discutent encore avec chaleur quand la force des choses les a pour jamais résolues. C'est un fait que des peuples emploient les machines; c'est un autre fait qu'on doit les employer aussi, ou renoncer à soutenir la concurrence avec ces peuples industrieux.

Si les magistrats d'une ville empêchent un fabricant d'acquérir une machine nouvelle, afin de l'obliger à conserver tous ses ouvriers, bien des personnes jugeront très paternel cet acte d'autorité. Mais les magistrats d'une ville voisine appelleront l'inventeur, profiteront de sa découverte; et bientôt des manufactures plus actives enrichiront leurs compatriotes aux dépens, peut-être, des hommes qui repoussèrent les mêmes avantages. Si l'on objecte que le gouvernement peut interdire l'emploi des machines dans toute l'étendue de l'état, je dirai d'un état voisin ce que je disais d'une ville voisine. Lorsqu'on refuse de participer au mouvement général, de perfectionner, tandis que des perfectionnemens s'opèrent de toutes parts, on voit les autres s'éclairer et s'enrichir; on reste dans sa routine et sa misère.

Mais l'invention des machines est-elle un mal nécessaire à supporter? est-elle un bien qu'on doive bénir? J'ai vanté les effets de la baisse du

prix des marchandises : les procédés de fabrication économiques et rapides concourent à cette
baisse, qui seule portera l'aisance au plus haut
degré. Toutefois, des outils qui dispensent de
bras ne font-ils point acheter cruellement le
bien général, en privant un certain nombre
d'ouvriers de leurs ressources pour exister?

Certes, l'introduction subite d'une machine
dans un atelier où elle remplace cent ouvriers,
peut les plonger dans une situation déplorable.
Pour détourner ce malheur, deux moyens se
présentent. Lorsqu'une partie de la population
est en souffrance, la société doit venir à son secours. Il est des travaux faciles auxquels peut se
livrer tout homme laborieux; quelques-uns de
ces travaux, sans avoir une grande utilité, em-
bellissent une ville. C'est dans de pareils momens qu'on doit les faire exécuter, en les offrant
aux ouvriers comme une ressource passagère,
destinée à leur donner le temps d'en trouver
d'autres ; car il ne faut point désapprendre aux
hommes à se procurer du travail. Les entrepreneurs ont aussi des devoirs envers les ou-

vriers. Je croirais juste que, s'ils veulent en congédier pour substituer à leurs bras des machines, ils fussent obligés de les prévenir quelque temps d'avance, peut-être même de leur payer une partie de leurs salaires, pendant les premiers jours qui suivent le renvoi. Avec ces précautions, et si, grâce à la liberté de l'industrie, les ouvriers n'éprouvent d'obstacle ni pour changer de travail ni pour changer de lieu, il est impossible que l'emploi des machines n'ait pas des inconvéniens très bornés, tandis que ses avantages sont immenses.

Supposons une contrée ignorante et pauvre, où il n'existe d'autre établissement d'industrie qu'une fabrique d'étoffes grossières. Les habitans sont misérables; la plupart se couvrent de haillons. Si, pour perfectionner cette manufacture, on remplace par des machines la moitié des ouvriers, et qu'on ne vienne point à leur aide, il y aura pour eux un moment de crise qu'il eût fallu leur épargner. Mais, traversez ce pays quelques années après. Les ouvriers renvoyés sont parvenus à se procurer du travail; et vous voyez la classe nombreuse vêtue de meilleures étoffes, dont le bas prix a répandu l'usage. Vous reconnaîtrez, peut-être, que les améliorations introduites dans une pauvre manufacture ont donné l'éveil aux esprits, et que l'industrie, excitée de proche en proche, a fait naître l'aisance dans toute la contrée.

Les machines peuvent diminuer, pour quelques momens, sur tel point, la quantité de main-d'œuvre; mais elles ont procuré à la classe laborieuse incomparablement plus de travail qu'elles ne lui en ont ôté. Quand le métier à bas fut inventé, que d'alarmes conçurent les personnes qui faisaient les bas à l'aiguille! Pourrait-on supposer aujourd'hui que leur nombre n'était pas très inférieur à celui des divers ouvriers qui fabriquent les métiers, qui les font mouvoir, qui préparent les matières premières employées par une industrie dont les produits sont si multipliés? Lorsque, dans de vastes plaines où les hommes bêchaient la terre, on vit pour la première fois apparaître la charrue, on dut éprouver un sentiment de terreur, en songeant à la quantité de main-d'œuvre que cette machine allait rendre inutile ; et, cependant, quel prodigieux accroissement de subsistances, d'industrie et de population, n'a-t-elle pas fait naître sur le globe?

Je citerai quelques observations de M. Malthus qui, sur le sujet dont je parle, mérite confiance, parce qu'il habite le pays où l'on a le plus employé les machines, et parce que la direction de ses recherches lui fait craindre tout ce qui peut diminuer le travail pour la classe nombreuse. « Aussitôt, dit il, qu'une machine, en épargnant la main-d'œuvre, peut fournir des produits à meilleur marché, l'effet le plus ordinaire qui en résulte est une telle extension de demandes, que la valeur de la masse des objets fabriqués par cette nouvelle machine, surpasse de beaucoup la valeur des objets manufacturés auparavant. Malgré l'économie de main-d'œuvre, ce genre d'industrie, au lieu d'employer moins de bras, en requiert bien plus que par le passé. » *

* *Principes d'économie politique*, tome II, page 103.

Pour concevoir nettement ce phénomène, il suffit d'observer qu'une machine ne fait pas tous les travaux qu'exige la fabrication d'un genre de produits. Les ouvriers peuvent donc trouver dans l'accroissement des travaux qui leur sont laissés, bien plus que la compensation de ceux qu'ils ont perdus.

M. Malthus continue : « Un exemple frappant de cet effet nous est donné par les machines employées à filer et à tisser le coton, en Angleterre. La consommation des étoffes de coton s'est si fort accrue, dans ce pays et dans l'étranger, par suite du bon marché, que la valeur de la totalité de ces étoffes et du fil de coton surpasse, hors de toute comparaison, leur ancienne valeur. L'accroissement des villes de Manchester, de Glasgow, etc., prouve assez combien, sauf peu d'exceptions, la demande d'ouvriers pour le coton est allée en augmentant depuis l'introduction des machines » *. Cet écrivain dit encore : « Une augmentation

---

* *Principes d'économie politique*, tome II, page 103.

de valeur, quoique moins forte que la précédente, a eu lieu dans nos manufactures de quincailleries, de draps et d'autres produits, et a été accompagnée d'une demande croissante de bras. » [*]

Quelques auteurs nient que la baisse des prix soit un résultat nécessaire de l'emploi des machines. C'est tirer de quelques faits particuliers une conséquence générale. Lorsqu'un fabricant, muni d'un brevet d'invention, emploie seul des procédés économiques, il peut continuer de vendre aussi cher que les autres manufacturiers; tout au plus accordera-t-il une diminution légère pour s'assurer la préférence : mais lorsqu'une invention est répandue, il faut bien que la concurrence fasse baisser les prix.

Quelques rêveurs voient, en imagination, les machines se multiplier un jour à tel point que, chassant de proche en proche les ouvriers, elles finiront par leur enlever tout moyen de gagner leur vie. Il serait superflu de prouver aux es-

* *Principes d'économie politique*, tome I, page 380.

prits raisonnables qu'un nombre infini de travaux exigeront toujours la main de l'homme.
Si l'on veut se livrer à des rêves, si l'on aime les
hypothèses, qu'on en fasse d'agréables. On peut
soutenir qu'un jour les outils perfectionnés abré-
geront à tel point les travaux matériels, que les
hommes auront bien plus de temps pour développer leurs facultés morales ; on peut aller jusqu'à dire qu'un jour les machines seront, pour
des nations nouvelles, ce que les esclaves étaient
pour le peuple de l'Attique.

Laissons les hypothèses, si peu convenables aux
sujets qui nous occupent. L'invention des machines multiplie les marchandises, fait baisser leur
prix, augmente la quantité de travail ; et ce ne
sont pas encore tous ses avantages. L'emploi des
machines conserve les forces, la vie d'un certain
nombre d'ouvriers, en leur épargnant des travaux malsains ou périlleux ; et sous ce rapport
plus d'un métier, dans les villes et dans les campagnes, doit encore attirer l'attention des philan-
tropes. L'usage des outils perfectionnés peut
aussi, plus qu'on ne le pense, contribuer à l'a-

mélioration des mœurs. Les travaux pénibles excitent à faire abus de liqueurs spiritueuses. Diminuer les fatigues est un moyen d'ôter une cause et des prétextes à la débauche.

On parle des accidens occasionés par quelques machines. Lorsqu'une découverte a des inconvéniens; le vulgaire crie aussitôt qu'il faut la proscrire; les hommes éclairés observent ces inconvéniens, méditent, et les font disparaître.

Pour condamner et repousser une invention, il ne suffirait point d'ailleurs de prouver qu'elle a des dangers; il faudrait démontrer que ses inconvéniens l'emporteront toujours sur son utilité. Supposez qu'un voyageur débarque des chiens dans une île où ce précieux animal est encore inconnu. Aurait-il raison l'insulaire qui dirait aux autres : « N'acceptez pas le redoutable présent qu'on vous offre. J'ai vu, sur le continent, l'animal que cet étranger vous dit être si utile pour la chasse et pour la garde des troupeaux, qu'il vous donne même comme un ami qui caressera vos enfans, et défendra vos jours. Le chien est quelquefois saisi tout-à-coup d'une incurable maladie; s'il fait alors une morsure, même légère, celui qu'elle atteint devient furieux ; on lui prodiguerait en vain des secours, il meurt dans d'effroyables tortures. Chassez de votre île ce dangereux animal, ou nous vivrons dans des angoisses que justifieront trop souvent d'horribles catastrophes. »

Les machines dangereuses ne doivent jamais être employées dans l'économie domestique; les valets n'ont pas assez de soins pour qu'on puisse les leur confier. Mais, dans les fabriques une exacte surveillance peut être exercée. Un conseil de savans doit décider quelles sont celles de ces machines qu'il est permis d'employer dans les manufactures, et quelles conditions il faut imposer à ceux qui veulent en faire usage.

CHAPITRE VI.

DE LA POPULATION.

Ce chapitre complétera mes observations sur les moyens d'améliorer le sort de la classe ouvrière. C'est surtout dans ses rapports avec l'aisance générale qu'il faut considérer la population.

Lorsqu'un état s'enrichit, les hommes s'y multiplient. De ce fait on a conclu que, pour enrichir un état, il fallait y multiplier les hommes. C'était prendre l'effet pour la cause. Cette erreur fut suivie d'une autre. On pensa que, pour rendre un pays très peuplé, il suffisait d'encourager les mariages, et d'assurer des récompenses aux pères de familles nombreuses.

On peut accroître ainsi le nombre des naissances. Louis XIV promit des pensions aux pères qui auraient dix enfans, et de plus fortes à ceux qui en auraient douze. Montesquieu plaisante sur ces récompenses offertes à des prodiges *. Cependant on peut raisonnablement croire que l'espérance d'obtenir les primes aura de l'influence, même sur des familles qui n'atteindront jamais le nombre fixé ; et s'il était moins élevé, les résultats seraient plus certains. Ajoutons que les honneurs rendus aux familles nombreuses influent sur l'opinion : les grands, les riches se font les échos du prince, et prèchent le mariage, surtout dans les campagnes.

Des encouragemens peuvent multiplier les naissances; mais, pour avoir des hommes, il ne suffit pas de faire naître des enfans. On n'aura qu'un accroissement de misère et de mortalité si l'on n'a pas multiplié les moyens d'*existence*.

Beaucoup d'auteurs disent les moyens de *subsistance*. M. de Tracy ** fait observer que cette expression est inexacte, et lui substitue celle que

* *Esprit des lois*, livre XXIII, chap. XXVII.

** *Économie politique*, chap. IV.

je viens d'employer. En effet, il ne suffit pas de pouvoir se nourrir. Le froid est, dans nos climats, presque aussi redoutable que la faim. Combien d'enfans et de vieillards, de malades et de convalescens périssent, parce qu'ils ne peuvent se garantir d'un hiver rigoureux. La malpropreté des haillons, l'air infect des demeures étroites et malsaines, abrègent les jours d'une foule de malheureux qui cependant ont du pain.

La population peut croître, jusqu'à un certain point, sans que les moyens d'existence augmentent, pourvu qu'ils se divisent. Ce qui fait vivre deux individus peut en faire végéter quatre et même davantage. Ces deux personnes avaient une chambre spacieuse ; elles se procuraient des alimens sains, elles étaient décemment vêtues et meublées : quatre ou cinq personnes vont encombrer le même logement ; il n'y aura plus de lit, toutes coucheront sur la paille ; elles se couvriront de lambeaux ; elles seront mal nourries, et souvent elles endureront les tourmens de la faim. Entre l'existence et la mort, il est un état intermédiaire; cet état est la souffrance. Un accroissement de population peut donc avoir lieu sans qu'on trouve, dans les moyens d'existence, un accroissement correspondant; mais, sous quel triste aspect se présente un tel état de choses! Il offre une augmentation de misère, de douleurs, et, sans doute aussi, de vices et de crimes.

Aux observations précédentes, il faut ajouter qu'un accroissement de population produit toujours quelque accroissement dans les moyens d'existence. De nouveaux besoins obligent à redoubler d'efforts; les pères s'exténuent pour nourrir leur famille; et les enfans sont contraints au travail avant que l'âge ait développé leurs forces. Il y a donc un accroissement de production, mais trop faible pour que le résultat des encouragemens aveugles, donnés à la population, ne soit pas d'augmenter la misère et la mortalité. L'expérience dément parmi nous la seconde partie de cette proposition de M. Everett : *Les survenans multiplient les demandes ; mais ils fournissent en même temps*

les moyens d'y pourvoir *. M. Everett est Américain; il se trompe en généralisant une observation qui ne peut être exacte que dans un pays
neuf, où la nature et les arts appellent inces-
samment le concours de nouveaux travailleurs.

Le premier desir à former est que les hommes
soient heureux, et le second qu'ils soient nombreux. Pour accomplir celui ci, il suffirait de
réaliser l'autre. La population croît naturellement, à mesure que les ressources pour exister
augmentent. Si donc on veut l'encourager, il faut
développer l'industrie. Alors les hommes trouvant
facilement à vivre, les mariages se multiplient;
et plus d'enfans sont conservés, parce que leurs
familles sont en état d'éloigner d'eux les fléaux
qui menacent la vie. Ce sont des encouragemens
indirects, non des encouragemens directs, qu'il
faut donner aux mariages; en d'autres termes,
c'est d'accroître le bonheur des hommes, non
d'augmenter leur nombre qu'on doit s'occuper.

---

* *Nouvelles idées sur la population*, trad. par M. Ferry,
page 34.

Une preuve frappante que la population suit, dans son développement, les moyens d'existence, c'est la rapidité avec laquelle sont réparées les pertes qu'entraînent les grands fléaux, la guerre, la famine, les maladies contagieuses. Après ces calamités, le besoin d'hommes se fait sentir, le travail est mieux rétribué; et l'on voit se multiplier prodigieusement les naissances. Il faut ajouter qu'après les grands désastres, les hommes ont, en général, peu de prévoyance, et beaucoup d'ardeur à jouir de la vie : mais ces causes, qui rendent les mariages plus nombreux, n'amèneraient que misère et mortalité, si les ressources pour vivre ne se trouvaient alors plus abondantes.

Non-seulement l'expérience démontre que la population croît en raison des moyens d'existence, mais il paraît qu'elle tend à les surpasser : c'est ce qu'il est fort important de discuter et d'éclaircir.

Peu d'ouvrages relatifs à l'économie politique, ont produit une sensation aussi vive que l'*Essai* de M. Malthus *sur la population*. Je suis bien

trompé si cet ouvrage ne doit pas son succès,
moins à ce qu'il offre de juste et de vrai, qu'à
ce qu'il contient d'exagéré et d'inexact. M. Godwin avait débité beaucoup de rêveries aux Anglais *. Le desir de désabuser ses compatriotes,
paraît avoir fait prendre la plume à M. Malthus.
Au lieu de se placer dans le cercle de la réalité,
où n'était point son adversaire, il combattit des
rêves avec des hypothèses. Les deux auteurs ont
frappé les imaginations ardentes : l'un, en pei-

---

* Cet auteur n'est guère connu des Français que par son
roman de *Caleb Williams*, qui leur a paru annoncer un
écrivain morose, profondément aigri contre l'espèce humaine. Concevoir une telle opinion de M. Godwin, c'est
tomber dans une erreur singulière. Aucun homme n'eut jamais plus de foi à la perfectibilité ; il n'a voulu, dans son
roman, que faire la satire des institutions sociales qui, selon
lui, produisent seules tous nos vices. Pour nous rendre heureux et bons, il suffirait, à l'en croire, de nous délivrer de
ces institutions, surtout de celles qui ont établi la propriété
et le mariage. Cet écrivain, dans sa *Politique*, surpasse tous
les faiseurs d'utopies ; ceux-ci ne donnent leurs chimères
que pour des chimères ; M. Godwin croit à la nécessité de
réaliser ses vues.

gnant des sites enchantés ; l'autre, en décrivant des abîmes épouvantables. Beaucoup d'hommes ont lu l'ouvrage de M. Malthus avec ce plaisir que les enfans éprouvent en lisant des contes qui leur font peur.

Voici les bases du système de M. Malthus. « Si la population, dit-il, n'est arrêtée par aucun obstacle, elle doit doubler au moins en vingt-cinq ans, et croître ainsi, de période en période, dans une *progression géométrique*. Il n'en est pas de même des subsistances. Ce qu'on peut supposer de plus favorable à leur accroissement, c'est que chaque période de vingt-cinq ans ajoute au produit des terres une quantité égale à leur produit actuel : ainsi les subsistances n'augmentent que dans une *progression arithmétique*. L'espèce humaine croît comme les nombres 1, 2, 4, 8, 16; les subsistances croissent comme ceux-ci, 1, 2, 3, 4, 5. Après deux siècles, la population serait aux moyens de subsistance comme 256 est à 9; après trois siècles, comme 4096 est à 13 »[*]. On voit que

<hr>

[*] *Essai sur le principe de population*, chap. 1.

ces deux lois d'accroissement si disproportionnées entre elles, poussent la race humaine dans un gouffre de misère et de mort.

Il manque à ces ingénieux calculs d'être conformes à la réalité des choses. On pourrait remercier M. Malthus d'être fort modéré dans une partie de ses hypothèses : il fait abstraction de tout ce qui est nécessaire pour exister indépendamment des subsistances ; il se borne à doubler la population en vingt-cinq ans, au lieu de quinze et même de douze ans ; bien qu'il y ait des parties du territoire américain où le nombre des hommes croisse avec cette étonnante rapidité, sans que l'émigration y contribue. La France a trente-deux millions d'habitans : le calcul de M. Malthus ne lui en donnerait que cinq cent douze millions dans un siècle, tandis qu'en prenant le calcul le plus favorable, la France peut avoir dans quatre-vingt-seize ans, huit milliards cent quatre-vingt-douze millions d'âmes. Ce résultat est plus frappant que le premier, et n'a rien de plus invraisemblable. Mais, puisqu'il est question de savoir avec quelle rapidité croîtrait le nombre

des hommes, si leur multiplication n'était arrêtée
par aucun obstacle, comment allons-nous chercher des exemples dans les pays connus? Il y a
des obstacles à la population dans cette Amérique si féconde. Des maladies, des passions,
des causes physiques et des causes morales retardent encore sur cette terre vierge les progrès
de l'espèce humaine. Toutes les exagérations sur
lesquelles nous venons de jeter un coup-d'œil,
sont de timides aperçus, très inférieurs à la vérité, si l'on veut supposer un instant que rien ne
s'oppose à la multiplication des hommes. Mais à
quoi servent ces hypothèses? elles peuvent gêner
les espérances de M. Godwin; elles n'ont pas
même une ombre d'utilité, s'il s'agit de connaître
ce qui se passe sur la terre.

Les idées de M. Malthus sur les subsistances
ne sont pas moins hypothétiques. Il lui conve-
nait de multiplier les hommes, il lui convient de
restreindre les moyens de les nourrir. Pourquoi
borne-t-il les subsistances d'un peuple aux produits alimentaires de son territoire? Genève, la
Hollande, la Suède, etc., tirent constamment des

grains de l'étranger. Non-seulement, M. Malthus ne devait pas oublier une telle ressource, mais après avoir supposé une prodigieuse multiplication des hommes, il devait pour être juste, calculer, d'après les suppositions les plus favorables, tout ce que le perfectionnement des transports et des moyens d'échange peut un jour ajouter de substances alimentaires à celles que produit le territoire sur lequel il porte ses regards.

Les hypothèses romanesques et les calculs imaginaires de M. Malthus s'éloignent trop de la vérité pour être des documens précieux. Quittons la haute région des chimères; entrons dans l'humble domaine du vrai, où se trouve aussi l'utile.

Observons quels genres d'individus composent la classe misérable, et jugeons si leurs malheurs naissent d'un excès de population.

Nous ne placerons point dans cette classe les mendians valides. Ces gens se sont fait une espèce de métier qui tient le milieu entre celui des baladins et celui des voleurs. Il touche au premier, parce que ceux qui l'exercent ont aussi leurs costumes, leurs tours d'adresse ; et qu'ils donnent des représentations tristes, comme les autres en donnent de bouffonnes. Il touche au second, parce qu'il exige mensonge et fourberie ; il est moins coupable, parce qu'il s'exerce si patiemment que chacun peut s'en garantir, et qu'il fait des dupes, non des victimes. Je vois dans la synonymie des noms de mendiant et de pauvre un grand abus de mots : la mendicité est lucrative ; et c'est un scandale que la journée du mendiant soit généralement mieux payée que celle de l'ouvrier.

Le mendiant infirme, tel que l'aveugle ou le paralytique, appartient seul à la classe malheureuse. Son triste sort n'est pas assurément l'effet d'un excès de population : il résulte des infirmités auxquelles notre nature est sujette, et d'une civilisation peu avancée qui laisse la société indifférente à des devoirs envers le malheur.

Les ouvriers que des maladies ou des accidens jettent dans une situation affligeante plus ou moins prolongée, sont victimes de causes de misère qui subsistent quelle que soit la population.

Dans les pays dévorés par les corporations, beaucoup de gens qu'elles empêchent de travailler ou qu'elles font travailler à vil prix, sont misérables. La surabondance qu'on croit apercevoir alors dans la population est factice ; on ne doit se plaindre que des erreurs de l'autorité.

Les crises commerciales qui renversent ou font languir de nombreux établissemens, produisent aussi un excès apparent de population. Ces crises, heureusement passagères, ne naissent pas du nombre des hommes ; elles ont pour causes l'ignorance et l'avidité des entrepreneurs d'industrie, la mauvaise administration et les guerres.

Mais, quand l'industrie est libre, quand elle prospère, une foule d'ouvriers sont encore en proie à l'indigence. On doit faire une distinction entre eux : il en est qui vivent dans les cabarets plus que dans les ateliers ; ils semblent fuir les moyens d'existence qui sont à leur portée, et ne chercher que la débauche. Les enfans de ces êtres dégradés vont errer, vivant souvent d'aumônes, et plus tard de vols et de prostitutions; s'ils ne se dépravent pas entièrement, du moins sont-ils fort ignorans, sans habitude du travail, et destinés à grossir la tourbe des ouvriers misérables. Ce n'est pas un excès de population qu'il faut accuser de ces désordres; c'est l'ignorance, la paresse et la débauche. Mais, dans la masse souffrante, il est des ouvriers qui se présentent sous un aspect bien différent. On les voit, chargés de famille, s'exténuer sans parvenir à vaincre une misère qui résiste au travail. Le nombre d'êtres qu'ils ont à nourrir, à vêtir, est un poids qui les accable, alors même qu'ils trouvent avec facilité des salaires : qu'est-ce donc, si quelques embarras du commerce viennent à diminuer leurs travaux, ou si une maladie les réduit à l'inaction? ces évènemens si communs, sont pour eux d'horribles calamités. Il y a disproportion entre le nombre de leurs enfans et les moyens de les élever *. Dans cette multitude

* On ne peut déterminer d'une manière générale, par

d'enfans, les uns périssent, la plupart des autres n'ont pas les soins qui les prépareraient à devenir de bons ouvriers, beaucoup se dépravent: ici, le mal vient d'un excès de procréation. Comment prévenir ce mal? Peut-on opposer des obstacles au fléau d'une procréation surabondante, sans enfreindre les plus saintes lois?

Steuart * pense qu'il faudrait interdire le mariage aux pauvres. Cette idée est révoltante, elle offense des droits inhérens à l'existence même. La société serait punie par les vices qu'elle ferait pulluler; elle échangerait des enfans légitimes contre un plus grand nombre d'enfans de la débauche.

quel nombre d'enfans une famille est surchargée. Un homme et une femme, pleins de santé, d'intelligence et d'activité, élèveront plusieurs enfans, tandis que deux êtres débiles, ignorans et paresseux, pourront à peine en nourrir un seul. La rareté ou l'abondance du travail, le prix élevé ou bas des marchandises, sont aussi des circonstances importantes qui varient dans les divers pays, et dans le même, à diverses époques.

* *Recherche des principes de l'économie politique*, tome 1, page 127.

La violence est mauvaise conseillère; la sagesse
doit avoir des moyens plus doux et plus efficaces
pour opérer le bien. Si un ouvrier, père de famille et plein de sens, entend un jeune homme
qui ne possède rien lui demander sa fille en
mariage, travaille, répond-il, fais des épargnes;
et quand j'aurai la certitude que tu ne mettras
pas ma fille dans la misère, que vous pourrez
élever vos enfans, les rendre honnêtes et bons
ouvriers comme nous, je t'accorderai ta demande. C'est cette prévoyance trop rare et si nécessaire, qu'il faudrait répandre dans la classe
nombreuse. La procréation de l'être intelligent
ne doit pas dépendre uniquement d'un appétit
brutal. Avant de donner le jour à des enfans,
il faut avoir au moins la probabilité qu'on pourra
les élever, ou l'on sacrifie la raison à la passion,
on commet un acte coupable. L'homme doit aspirer au mariage comme à l'état le plus convenable à sa nature, mais il doit d'abord s'en rendre
digne; et cette pensée peut devenir un puissant
véhicule pour le jeune ouvrier dans ses travaux.
Quand l'opinion excite au mariage, elle accroît

une population misérable ; elle aurait aussi des effets, mais plus heureux, si elle enseignait à la classe ouvrière que le mariage doit être la récompense du travail et de l'économie.

Le riche et le pauvre tombent dans deux excès opposés : trop souvent l'un montre une prévoyance coupable, et l'autre une imprévoyance funeste. En général, le riche craint d'avoir beaucoup d'enfans, ou même d'en avoir plusieurs. Accoutumé aux jouissances de la vie, il croirait faire un triste présent s'il transmettait l'existence sans l'accompagner des biens qui lui paraissent nécessaires pour la rendre agréable. La vanité fortifie ce sentiment ; et tel homme infatué de ses titres croit que, si l'on ne vient pas au monde avec un marquisat, ce n'est pas la peine de naître. Le pauvre, dans son ignorance, suit un instinct brutal : s'il hésite un moment à se marier, en songeant à ce que deviendront ses enfans, presque aussitôt il se rassure, et chasse la prévoyance. Il a souffert, il a vécu ; ses enfans souffriront et vivront comme lui. Ainsi se forme une population livrée à la misère, et féconde en désordres.

Répandez l'instruction ; que le sentiment de la dignité humaine pénètre dans les âmes, que la situation sociale soit assez prospère pour que l'ouvrier ait quelque part aux douceurs de la vie, il ne voudra pas se marier avant d'être certain que ses enfans auront les mêmes avantages. On demande si la population tend à dépasser les moyens d'existence : oui, dans notre état de civilisation ; non, dans un état de civilisation plus avancé.

Des ecclésiastiques peu éclairés s'alarment lorsqu'on parle de porter la prudence dans le mariage ; ils craignent qu'on ne s'élève contre l'ordre divin, *croissez et multipliez.* Pour être conséquens, ils devraient frapper d'anathème les célibataires ; mais, puisqu'un homme est libre de ne jamais se marier, comment serait-il coupable en différant son mariage, pour assurer le bonheur de sa famille ?

On a souvent proposé, contre l'excès de population, des secours illusoires. Quelques personnes voudraient qu'on formât des colonies ; et leur imagination parcourt les vastes espaces qui sont encore incultes sur le globe. Mais, plus d'un gouvernement n'a pas au loin des terres dont il puisse disposer; ensuite si l'on réfléchit aux frais, aux difficultés, aux dangers des colonisations, on s'étonnera peu d'en voir tenter rarement, et presque toujours sans succès. Enfin, pour qu'une espèce de déportation fît hausser les salaires, il faudrait habiter une bien petite république, car, dans un grand état, le départ de quelques centaines ou de quelques milliers d'ouvriers serait inaperçu. Tout ce que les argumens en faveur des colonisations me paraissent avoir d'utile, c'est qu'ils sont propres à faire sentir combien il est absurde de s'opposer aux émigrations.

D'autres personnes pensent que, pour chasser la misère, il suffit de développer l'industrie; et, pour le prouver, elles disent que l'Europe n'a point d'état où il ne soit possible de faire vivre un nombre d'hommes double, triple, de celui qu'on y voit aujourd'hui. En effet, on trouvera peut-être un jour que notre population était bien faible au dix-neuvième siècle. Mais les produits

des terres et des fabriques ne peuvent être dou-
blés, triplés, en un instant, par un acte de
féerie. Ensuite, et j'appelle toute l'attention du
lecteur sur cette observation essentielle, lorsqu'on augmente les moyens d'existence, on
multiplie les mariages, les naissances ; si donc
on n'emploie que ce seul moyen pour essayer de
bannir la misère, on tentera de combler le ton-
neau des Danaïdes.

Sans doute, il faut donner à l'industrie une
grande impulsion ; mais il faut, en même temps,
répandre les idées de prévoyance dont j'ai parlé.
On ne saurait atteindre le but que par ces deux
moyens réunis ; mais leur double action peut
amener un jour sur la terre une prospérité qui
nous est inconnue.

Pour éloigner la misère, il est des moyens secondaires d'une haute utilité. Il faut perfectionner et multiplier les institutions à l'aide desquelles l'ouvrier peut se préparer des ressources.
Telles sont les associations de secours mutuels, les
caisses de prévoyance, etc. Mais la classe pauvre
ne pourra généralement profiter des avantages

que présentent les institutions de ce genre, aussi
long-temps que l'éducation n'aura pas développé
son intelligence. On est ramené sans cesse à cette
vérité, que l'éducation de la classe nombreuse
est la base de toute amélioraton sociale.

Enfin, quels que soient les progrès de l'aisance,
il y aura toujours de funestes évènemens et des
situations déplorables qui rendront nécessaires
les secours de la charité publique et particulière.
Tel est le danger des hypothèses et des exagérations, que M. Malthus, pour être conséquent à
ses terreurs, énonce avec les intentions les plus
droites, des idées que je n'ose qualifier. Ce n'est
point de régler les secours publics, c'est de les
anéantir qu'il s'occupe. Ainsi, M. Malthus voudrait que les enfans abandonnés ne fussent pas
recueillis dans des hospices. Se représente-t-on
sans horreur quel serait le sort de ces infortunés, si, quand ils sont exposés par des parens
coupables, ils ne pouvaient être sauvés qu'autant que le hasard les ferait rencontrer par des
personnes assez charitables pour les adopter ?
Quels désordres résulteraient de l'alternative

dans laquelle chacun pourrait se trouver, de
violer toutes les lois de l'humanité, en laissant
périr des enfans à sa porte, ou de s'imposer les
soins nécessaires pour les élever? La société a dû
prévenir ces dangers. Empêchez, en diminuant
la misère, en propageant la morale, empêchez
que le nombre de ces infortunés ne s'accroisse;
mais dès qu'un être respire, on doit le garantir
de la douleur et prolonger sa vie. C'est, si l'on
veut, un malheur pour nous et pour lui-même
qu'il soit né; son abandon serait plus qu'un
malheur, ce serait un crime. M. Malthus, il est
vrai, prétend que la mortalité des enfans nou-
veau-nés est si prodigieuse dans les hospices,
que peut-être en échapperait-il davantage si ces
établissemens n'existaient pas. On peut révo-
quer en doute une pareille assertion; mais tout
ce qu'elle prouverait, en la supposant vraie, c'est
que nos institutions ont grand besoin d'être perfectionnées.

Accordons que des inconvéniens graves ont
été jusqu'à présent attachés aux établissemens
de charité: on a pourvu d'abord aux besoins

physiques, il faudrait songer aux besoins moraux. Les hospices où l'on reçoit les malades affaiblissent les liens de famille. La mère n'est plus soignée par son fils, la femme n'adoucit plus les douleurs de son mari; les parens livrent les parens à des mains étrangères. Il existe dans Paris une société respectable qui, pour combattre cette influence immorale des hospices, s'occupe avec zèle de faire soigner des malades à domicile. On ne peut trop encourager ses vues. Desirons que les cas où des malades seront portés dans les hôpitaux, soient un jour de tristes exceptions; mais de tels établissemens seront toujours nécessaires, parce qu'il y aura toujours des malheureux qui ne pourraient ailleurs recevoir des soins, et que la société doit l'exemple de l'humanité.

Les asiles ouverts aux vieillards rendent moins économes un certain nombre d'individus. Pourquoi, dans la jeunesse et dans la force de l'âge, ne se livreraient-ils pas à la dissipation, à la débauche, lorsqu'il existe des établissemens pour les garantir des suites de leurs vices? Je ne

me bornerai point à répondre qu'il vaut mieux
encore que des particuliers se dépravent, que
de voir la société elle-même se dépraver, eu re-
fusant d'assister la vieillesse. Je dirai qu'il faut
détruire, non les institutions, mais leurs abus.
Il serait à desirer qu'on eût deux sortes d'asiles
de la vieillesse ; l'un, pour les victimes du malheur, l'autre, pour celles de l'inconduite, où il
serait honteux d'entrer, où le mépris du peuple
ferait craindre d'aller mourir un jour. Si l'on
objecte que cette division serait affligeante,
qu'on doit jeter un voile sur les fautes, je repousserai ces idées d'une excessive indulgence.
La philantropie dégénère en niaiserie quand
elle cesse de s'allier avec la justice.

On a beaucoup cherché les moyens d'abolir
la mendicité. Il est à présumer que l'avancement
de la civilisation détruira ce fléau par le moyen
le plus simple. On cessera de donner des pièces
de monnaie dans la rue, lorsqu'on saura que
l'aumône n'est pas la charité, qu'il faut porter
ses secours aux familles dont on connaît les besoins, ou remettre ses dons aux personnes bien-

faisantes qui visitent, dans leurs demeures, les
véritables pauvres.

De tous les moyens de secourir l'indigence,
le plus contraire à son but est un impôt levé au
profit des indigens. On sait quelle plaie nourrit
en Angleterre la taxe des pauvres. Quelle que
soit l'énormité du mal que l'Angleterre laisse dès
long-temps s'aggraver, je suis persuadé qu'on
parviendrait à le détruire, ou du moins à l'atténuer, si une classe dont l'influence est grande,
ne se croyait intéressée au maintien de ce funeste
impôt. Les entrepreneurs d'industrie se trouvent libres de réduire les salaires, puisque les
paroisses sont forcées de payer à l'ouvrier le
surplus de ce qu'il lui faut pour exister. On juge
combien un tel ordre de choses, ou plutôt
combien un tel désordre offre d'avantages, au
moins en apparence, à ceux qui font travailler
la classe ouvrière.

Lorsqu'on lève une taxe des pauvres, le moyen
de porter le mal à son comble est de charger
des commis, des gens gagés, de distribuer les
secours. Après la fondation de nombreuses éco-

les, je ne vois rien de plus utile, pour améliorer la société, que de mettre en contact avec le pauvre les personnes éclairées, bienfaisantes, qui savent donner des conseils et ranimer le courage, qui savent, en portant des secours, enseigner comment on peut se suffire à soi-même. Je manque de lumières pour entrer dans les détails qu'exige un tel sujet ; et je renvoie à l'ouvrage de M. Degérando, intitulé *le Visiteur du pauvre*. Cet ouvrage est plein de documens précieux, et l'on y sent, à chaque page, que l'auteur pratique les vertus qu'il enseigne.

FIN DU TROISIÈME LIVRE.

LIVRE IV.

CHAPITRE PREMIER.

DE L'EMPLOI DU REVENU.

Lorsque les hommes façonnent ou transportent des objets, de manière, soit à les rendre utiles, soit à leur donner un nouveau degré d'utilité, ils *produisent;* lorsque ensuite ils se servent de ces objets, qu'ils en détruisent ou qu'ils en altèrent l'utilité, ils *consomment.* La consommation est le but du travail : c'est d'elle que la formation et la distribution des richesses reçoivent toute leur importance.

La question de savoir s'il est à desirer que les hommes consomment peu, afin d'accumuler les richesses, ou s'il faut que la consommation soit abondante, afin d'exciter la production, est une des questions fondamentales en économie politique. Ce sujet qui touche à la morale des nations, ainsi qu'à leur fortune, ce sujet tant de fois traité, n'est pas encore exempt de vague et d'incertitude.

Les auteurs d'économie politique distinguent deux espèces de consommation, l'une *improductive*, l'autre *reproductive*. Un exemple familier expliquera cette distinction. Si l'on achète du drap pour s'habiller, on le consomme improductivement, puisque l'habit usé, il ne reste rien de la dépense qu'on a faite; mais le tailleur qui emploie du drap le consomme reproductivement, parce qu'il en retrouve la valeur dans les habits qu'il nous vend. On peut voir le développement et les conséquences de cette théorie dans le troisième livre du traité de M. Say. J'arriverai aux mêmes résultats pratiques, par une route différente.

Je rappelle en peu de mots la classification des richesses exposée dans le premier livre de

cet ouvrage *. Tous les produits matériels se divisent en trois classes. Il y a les *capitaux*, qui
sont formés des produits réservés pour en créer
de nouveaux ; le *fonds de consommation*, qui se
compose des produits destinés à satisfaire immédiatement nos besoins ; enfin, les *revenus* qui,
selon l'usage qu'on en fait, vont grossir ou les
capitaux ou le fonds de consommation.

Pour éclaircir notre sujet, la question à résoudre est celle de savoir si l'on doit desirer que
les revenus se portent de préférence vers les capitaux ou vers le fonds de consommation ; en
d'autres termes, quel est de ces deux emplois le
plus avantageux à la société.

Des causes particulières influent sur l'usage
que chaque personne fait de son revenu. Le
pauvre ouvrier est forcé de donner tout ou presque tout à la consommation **. Il en est de même
de tel homme à qui son rang impose les ennuis
dispendieux d'une grande représentation. Notre

* Page 63 et suiv.

** Je prends ce mot et je continuerai de le prendre dans
le sens de *consommation improductive*.

caractère, nos goûts nous déterminent souvent plus que notre position. Avec la même fortune, et des charges pareilles, l'un dissipe et l'autre thésaurise. Des pères de famille se livrent à de folles dépenses, et des célibataires se refusent les agrémens dont ils pourraient jouir.

Des causes générales ont une action puissante sur la direction que prennent les revenus. Dans un pays neuf, où les capitaux sont rares, et les profits considérables, on donne peu à la consommation ; on est excité à former des capitaux par les bénéfices qu'ils promettent. A mesure qu'ils deviennent plus abondans, et que les profits diminuent, on cède au desir de faire moins d'épargnes, et d'accroître ses jouissances. Ce desir prend d'autant plus de force que les arts produisent alors une multitude d'objets qui peuvent éveiller et flatter les goûts de l'homme riche. C'est surtout cette cause qui grossit le fonds de consommation aux dépens des capitaux ; car on ne voit pas encore de pays où ils soient tellement accumulés qu'on puisse dire qu'ils surabondent. Pour que le contraire fût vrai, il faudrait que

l'agriculture ne laissât plus d'amélioration à desirer, et que tous les autres genres d'industrie
fussent exploités de manière qu'il devînt impossible d'y placer un nouveau capital.

Enfin, l'opinion publique exerce une grande
influence sur la direction que suivent les revenus.
Tel est l'empire de l'opinion qu'elle peut faire
agir les hommes contre leurs intérêts et contre
leurs goûts. Selon que cette puissance ordonne
l'économie, ou commande la dissipation, le partage des revenus, entre les capitaux et le fonds
de consommation, est bien différent. Les écrits
modifient l'opinion; il est donc très important
de ne prêter l'appui de la science qu'à des idées
conformes à l'intérêt social.

On peut créer deux systèmes erronés. Si les
revenus, sauf la somme nécessaire pour exister,
se transformaient en capitaux, il y aurait encombrement de la production; à moins que les habitans de l'état n'eussent d'immenses débouchés
au-dehors. Dans ce cas même, ils vivraient mal;
ils se refuseraient des plaisirs qu'ils sont appelés
à goûter, et les plus belles facultés de l'intelli-

gence resteraient engourdies chez ce peuple d'avares. Si la presque totalité du revenu était au contraire jetée dans la consommation, les capitaux ne prendraient point l'accroissement que demandent les besoins des arts; les instrumens du travail cesseraient d'être suffisans; la misère et les vices étendraient leurs ravages chez ce peuple de dissipateurs.

Lorsqu'on approfondit le sujet de ce chapitre, on reconnaît qu'un sage emploi du revenu est, à-la-fois, le plus agréable pour le possesseur et le plus utile pour le public. Lecteur, je ne veux point créer une utopie; je rapporterai les faits avec impartialité, et je parlerai le langage le plus exact de l'économie politique.

Observons un père de famille, opulent, éclairé, qui par le bon emploi qu'il fait de sa fortune, mérite d'être cité pour modèle.

Ses goûts, l'intérêt de ses enfans et ses idées de bien public, le portent à ne pas consommer la totalité de son revenu. Il en destine une partie à l'accroissement de ses capitaux. Il améliore ses domaines; il ordonne des bâtimens de ferme, des clôtures, etc. Si ces travaux n'absorbent pas toutes ses épargnes, il prête le surplus à quelque entrepreneur dont il connaît l'intelligence; et lui procure ainsi les moyens de créer ou d'agrandir un établissement utile à son pays.

Souvent on lui a dit que les riches doivent consommer beaucoup, afin d'exciter la production; mais il a réfléchi, il sait que la partie de son revenu qu'il transforme en capitaux ne sera pas moins consommée que celle qu'il destine aux dépenses de sa maison. Les épargnes employées à l'amélioration d'une terre, ou prêtées à un fabricant, sont consommées, à la campagne et à la ville, par les divers ouvriers qu'elles font travailler. Cette partie du revenu va directement à des consommateurs laborieux, honnêtes, dignes d'être encouragés. Ajoutons que le fermier jouit de plus d'aisance et peut, au renouvellement du bail, augmenter la rente, que le manufacturier recueille des profits et paie des intérêts. Ainsi, non-seulement beaucoup d'ouvriers ont vécu, mais le fermier, le fabricant et le propriétaire prêteur, sont en état de faire plus de dépenses. On est donc abusé par une étrange illusion, si l'on suppose qu'on dérobe à la consommation le revenu qu'on transforme en capital. On ne le consomme pas soi-même; on le fait consommer par d'autres, de la manière la plus utile à l'aisance générale.

L'homme riche, dont je parle, met au *fonds de consommation* une grande partie de son revenu; mais il ne la dépense pas sans choix et sans goût. Puisqu'il est éclairé, il sait se garantir d'être dupe de sa richesse.

On ne voit pas chez lui une foule de valets inutiles, parce qu'il veut être bien servi; et parce qu'il aime mieux entretenir à la campagne d'honnêtes ouvriers, que d'en faire à la ville des fainéans et des fripons vêtus de sa livrée. L'ordre règne dans sa maison; il sait à quoi s'en tenir sur cet axiome de parasite : *Les profusions du riche font vivre le pauvre.* Ce qu'il dépenserait mal-à-propos et sans plaisir, il préfère le dépenser d'une manière agréable pour lui, avantageuse pour les autres.

Il aime à parler des principes qu'il s'est formés;

parce qu'après les bons exemples, il n'y a rien
de plus nécessaire que les bons avis. Les apologistes de la dissipation, dit-il, devraient souhaiter
qu'il y eût des jours de saturnales, où les riches
briseraient leurs meubles, pour encourager l'industrie. Ces meubles qu'il faudrait remplacer,
procureraient des salaires aux ouvriers et des
profits aux entrepreneurs. Mais, quand les gens
riches n'ont pas recours à ce moyen bizarre, insensé, ils dépensent le même revenu, ils pour-
voient également à des profits, à des salaires; et
ce qu'ils n'ont pas détruit, continue d'être utile.
Les meubles dont ils ne veulent plus, sont vendus à bon marché, servent à d'autres personnes;
puis, sont revendus à plus bas prix encore, et
vont se placer dans des demeures toujours plus
modestes. Les objets dont la consommation est
lente s'accumulent, et deviennent pour la société un fonds immense de richesses. Le bon
ordre peut seul accroître ce fonds précieux, et
veiller à sa conservation. Si l'homme de bien qui
parle ainsi voit qu'on lui prête attention, il
continue: Quelle démence d'imaginer que le ri-

che serait avare s'il n'était dissipateur; comme si l'on n'avait qu'une manière de dépenser, et qu'il fallût s'en servir ou bien enfouir son argent! Toute dépense a quelque utilité; mais toute dépense n'est pas également utile. La profusion, le gaspillage a même des effets que rien ne compense, quand il détruit des objets qu'on ne peut multiplier à volonté, parce que le concours de la nature est nécessaire pour les produire. Lorsqu'un meuble est brisé, on appelle un ouvrier; mais lorsqu'on détruit des grains, des arbres, on ne peut forcer la nature à réparer le tort qu'on a fait à la société. Sans doute, il n'y a pas de consommation entièrement perdue. Si vous détruisez du blé, celui qui vous l'a vendu en a touché l'équivalent; mais celui qui souffre de la faim, et que ce blé ferait vivre, où se trouve pour lui la compensation de votre folie? Les profusions des riches n'ont lieu qu'aux dépens de la classe nombreuse; et leur économie bien entendue accroît le patrimoine des pauvres.

Cet homme sensé, malgré son opulence, répugne à des dépenses qui seraient nuisibles pour d'autres personnes, et qui n'ajouteraient rien à ses plaisirs ; de telles dépenses sont au-dessous de lui. Non-seulement il veut que l'ordre règne dans sa maison, mais il ne dédaigne point d'employer quelques procédés économiques, applications importantes de hautes sciences. Il fait construire le foyer de ses cheminées de manière qu'elles échauffent mieux, à moins de frais, ne fût-ce que pour donner un bon exemple, et répandre un utile usage.

Si des gens frivoles veulent tourner de pareils soins en ridicule, et supposent qu'ils sont l'effet d'un esprit de lésine, ils se détromperont en voyant dans les appartemens de cet homme si raisonnable, tous les signes de l'opulence et du bon goût. Ses meubles unissent l'élégance à la solidité. Beaucoup d'objets commodes, agréables, décorent sa demeure. Sa fortune lui permet de se les procurer ; il veut que sa famille en jouisse. S'il habite loin de la capitale, il veut aussi exciter l'industrie et former des ouvriers en leur offrant des modèles. Sans s'occuper de sa toilette, il est toujours vêtu de belles étoffes ; et tout ce qui

sert à son usage est choisi dans de bonnes fabriques. Il aime dans tous les genres ce qui est beau;
et il sait que les manufactures perfectionnées,
dont l'influence est importante, ne peuvent
exister sans avoir les riches pour consommateurs.
Les dépenses de sa table ne sont pas les plus coû-
teuses pour lui; on ne voit pas à ses dîners,
cette profusion qui semble annoncer qu'on a des
sots pour convives; mais son cuisinier a toute
l'habileté qui convient dans une grande maison.
Les seules différences qu'on puisse remarquer
entre sa table et celle d'autres riches, c'est qu'elle
est aussi bien servie, avec moins de dépenses, et
qu'elle réunit des convives plus aimables.

Je ne parle point de la partie de son revenu
qu'il emploie pour élever ses enfans, ni de celle
qu'il consacre à des actes de bienfaisance; je serais entraîné à des considérations qui feraient
perdre de vue notre sujet.

Les principes qui dirigent cet homme opulent,
sont exactement ceux que doit suivre chaque
personne dont le revenu n'est pas en entier ab-
sorbé par la consommation journalière. De même

que le riche propriétaire améliore ses domaines
et place de fortes sommes, l'ouvrier doit acheter des outils, et placer quelques épargnes. Voilà
ses *capitaux*. Quant au *fonds de consommation*,
le pauvre a besoin, plus encore que le riche, de
n'y verser qu'avec discernement une partie de
son revenu, de savoir qu'il faut préférer les acquisitions durables à celles dont la destruction
est rapide. Lorsqu'il peut se procurer, soit pour
sa nourriture, soit pour son habillement, quelques superfluités, il doit aimer mieux en mettre
le prix à l'achat d'un meuble que ses enfans pos-
séderont encore.

On sait quelle influence exercent les riches,
surtout ceux qui possèdent les terres; parce qu'en
général ils ont aussi les fonctions publiques et
les distinctions sociales. S'ils suivent les principes
que je viens d'exposer, leur salutaire exemple
amènera des améliorations dans toutes les classes
de la société. Le pays où ces principes seront
honorés, est celui qui verra naître le plus de richesses, de vertus et de bonheur.

Si l'opinion, au contraire, excite à la prodigalité, si de fausses lumières en économie politique accréditent l'erreur que toute consommation est également utile, on aura des résultats opposés. Les hommes opulens jetteront leurs revenus dans le fonds de consommation. Sans doute un certain nombre de gens en profiteront ; j'ai dit, et je répète que toute dépense a quelque utilité. Quand les riches se mettent en frais pour des valets, des filles publiques et des bateleurs, non-seulement ces êtres vivent, mais ils consomment ce qu'ils reçoivent, et font vivre des ouvriers. Toutefois, il me semble que la manière dont notre père de famille éclairé employait son revenu, portait plus directement les moyens d'existence aux gens honnêtes et laborieux ; et je ne vois pas bien par quel circuit les pièces d'or que disperse le prodigue, iront se former en capitaux, pour servir aux améliorations que réclame l'agriculture. Si les grands propriétaires se font un honneur de la profusion, les commerçans, les fabricans voudront rivaliser avec eux de prodigalité ; ceux-ci dissiperont leurs capitaux ; toutes les classes de la société participeront à ce délire; l'état ne sera qu'un vaste théâtre de débauche et de fainéantise.

Ainsi, les écrivains qui veulent encourager l'industrie, en prêchant la consommation sans règle et sans mesure, quelle que soit la droiture de leurs intentions, parlent en corrupteurs de la morale, et montrent une insigne ignorance des principes de la science des richesses. Il est pénible d'entendre des phrases telles que celle-ci : *Les principes de l'économie politique appartiennent à un autre ordre d'idées que les préceptes de la morale* *. Je ne connais pas d'assertion plus

---

* Cette phrase est de M. Garnier (notes de la traduction de Smith, tome VI, page 38); et cependant l'auteur n'est pas aussi partisan de la dissipation que d'autres écrivains. Quelques pages plus loin il dit : « M. de Saint-Chamans (dans l'ouvrage intitulé *De l'impôt fondé sur les principes de l'économie politique*) s'est laissé entraîner au-delà de la vérité, en soutenant que toute consommation, même celle des prodigues, et celle des gouvernemens, qu'on peut regarder, sans encourir le reproche d'exagération, comme les premiers de tous les prodigues, sont également favorables à la reproduction; en sorte que, d'après son idée, il suffirait de consommer pour produire un accroissement de la richesse publique. »

fausse, plus propre à égarer les esprits, à priver d'un appui mutuel deux sciences étroitement unies par les besoins de l'humanité. La question sur laquelle on les verrait le plus différer, si elles étaient contradictoires, serait celle qui nous occupe en cet instant; mais les vérités offertes dans ce chapitre, reçoivent des deux sciences une égale sanction.

Les principes que je viens d'exposer sur l'emploi du revenu, résultent de la nature des choses. Ces principes condamnent la profusion et la dissipation que préconisent des écrivains modernes; et repoussent également l'austérité qui fut si vantée jadis. Non-seulement les idées austères ne sont point applicables à la société que nous avons sous les yeux, mais elles ne furent jamais en harmonie avec le bonheur des hommes; elles nous viennent des républiques anciennes, de ces espèces de couvens politiques, où les citoyens, c'est-à-dire quelques privilégiés, vivaient de rapines et commandaient à des esclaves.

Je n'ai pas prononcé le mot de luxe : ce mot

est trop vague pour qu'on puisse l'employer,
lorsqu'il faut réveiller des idées justes et positives. Quelques auteurs ont essayé de le réhabili-
ter ; cependant, on ne peut le prendre en bonne
part, sans s'exposer à de fréquentes méprises. Il
faudrait donc, si l'on voulait en faire usage, lui
laisser une signification flétrissante, mais la rendre plus précise. Alors, je dirais qu'on doit appeler dépenses de luxe, les dépenses immorales.
Si un ouvrier, heureux dans ses travaux, se permet en famille une petite fête de campagne, je
l'approuve ; mais, s'il va boire son argent au ca-
baret, il fait une dépense de luxe. Qu'un homme
riche donne à sa femme un châle de trois mille
francs, cette dépense, proportionnée à sa fortune, n'a rien de déraisonnable : s'il achète ce
châle pour sa maîtresse, c'est une dépense de
luxe.

CHAPITRE II.

DE L'IMPÔT.

INDÉPENDAMMENT de leurs dépenses privées, les hommes ont à faire des dépenses communes. L'argent que je donne pour assainir la ville où je demeure, n'est pas moins employé à mon usage que celui qui subvient aux dépenses de ma maison. C'est en payant les magistrats et l'armée que les habitans de l'état obtiennent la sécurité, ce bien sans lequel ils ne pourraient user de leurs richesses, puisque les travaux et les plaisirs seraient interrompus. Il n'est guère de pays, cependant, où l'impôt soit acquitté sans murmure et sans regret.

Une grande cause de la répugnance à contribuer aux dépenses publiques, c'est que, trop souvent, on a vu le produit des impôts détourné

de sa destination. Les abus du pouvoir ont séparé les gouvernemens des sujets. Quand l'autorité ne songe qu'à lever des sommes toujours
plus fortes, et qu'elle les prodigue d'une manière funeste pour les contribuables, il est naturel que ceux-ci regardent l'argent qu'ils versent au trésor, comme dérobé à l'usage utile ou
agréable qu'ils espéraient en faire.

Une autre cause est le défaut d'instruction.
Sous le gouvernement le plus paternel, par conséquent le plus économe, des hommes ignorans
peuvent croire que leurs contributions ne sont
point employées pour eux. Des habitans du
centre de l'état jugeront inutiles les dépenses
pour la construction de ports maritimes qui, cependant, leur procureront un jour de grands
avantages. Les lumières plus répandues dissipe-
raient des préjugés honteux, nuisibles à la société, et dangereux pour le pouvoir. Il faudrait
aussi employer, autant qu'il serait possible, l'argent des contribuables sous leurs yeux, et leur
en laisser vérifier l'usage. Il y a des dépenses de
villes, de provinces, qu'on ne doit pas confondre

avec celles de l'état. C'est surtout à l'aide des administrations municipales et provinciales qu'on peut intéresser les hommes à la chose publique.

Je ne partage point l'opinion des auteurs qui croient que toutes les dépenses du gouvernement sont stériles. M. de Tracy qui, par de judicieuses analyses, a jeté du jour sur plusieurs points d'économie politique, me paraît se tromper lorsqu'il dit : *La totalité des dépenses publiques doit être rangée dans la classe des dépenses justement nommées stériles et improductives* *. Un gouvernement est souvent producteur de richesses ** : il est fabricant de routes, de canaux, de ports de mer, d'édifices publics, de monumens, etc. Lorsqu'il fait un sage emploi du montant des impôts, s'il ne produit pas, il

---

* Page 364, édition in-8°.

** Ce n'est pas, assurément, lorsqu'il prend le monopole de la fabrication du sel, du tabac, de la poudre, etc. La production serait plus abondante sous un régime de liberté. Le gouvernement, loin de produire alors, diminue la quantité des produits.

aide à produire. Il paie des administrateurs, des juges, des professeurs, etc. Ces fonctionnaires donnent des produits immatériels, en échange de leurs émolumens ; ils font régner la paix, ils répandent la morale, les sciences ; et de tels biens ont une heureuse influence sur le développement des arts. Si l'autorité prodigue les recettes en cadeaux à ses valets, si les fonctions utiles sont trop payées, si le gaspillage s'introduit dans les travaux, dans les approvisionnemens, on se trompe encore en disant que de pareilles dépenses sont stériles ; elles sont destructives.

Cependant les impôts énormes, et les profusions du pouvoir ont trouvé des apologistes, non-seulement parmi les gens habitués à vivre d'abus, mais encore parmi les hommes qui cherchent la vérité. Des impôts considérables, a-t-on dit, agissent comme un stimulant qui force la classe ouvrière à travailler ; puis, les sommes dépensées par les nombreux agens du pouvoir deviennent un second stimulant pour le travail.

Je ne conteste aucune vérité. Le poids des

taxes a produit quelquefois des effets aussi utiles qu'imprévus. Smith dit que le haut prix de la main-d'œuvre, occasioné par des impôts, a fait découvrir des procédés, des machines économiques, dont l'industrie anglaise a recueilli de grands avantages. Ceux qui votaient l'impôt ne s'attendaient pas à de tels résultats; et, sans doute, il est des moyens moins chers pour encourager les progrès de la mécanique.

Les gouvernemens dissipateurs font un utile emploi d'une partie des impôts dont ils chargent les peuples. On les voit, au milieu de leurs folles prodigalités, encourager quelques sciences, ouvrir des communications nouvelles; et les contribuables en profitent. Mais, des receveurs qui malversent dans leurs places font quelquefois des actes de générosité; dois-je en conclure que les malversations sont très utiles à l'exercice de la bienfaisance ?

Il est possible que sur des êtres grossiers, apathiques, de lourds impôts agissent comme ces fléaux qui désolent le laboureur, et le forcent à lutter contre la nature pour soutenir une vie misérable. Ce stimulant cruel qui, peut-être, ne fut jamais employé dans des vues d'intérêt public, sera toujours repoussé par l'administrateur assez éclairé pour savoir bannir la paresse, en dissipant l'ignorance. Les meilleurs véhicules de l'industrie sont les lumières, et l'espérance de recueillir le fruit de ses travaux.

Dans les temps d'ignorance, les fonctionnaires publics, envoyés de la capitale au fond des provinces, peuvent éveiller les besoins des riches; ils étalent un faste nouveau ; ils apportent divers produits des arts, et les font admirer. Toutefois, leurs dépenses et leurs exemples sont souvent plus funestes aux mœurs qu'utiles à l'industrie. Ces hommes, dont la plupart sont frivoles et prodigues, enseignent à dissiper un revenu plutôt qu'à le bien employer.

On s'est fait long-temps, et l'on se fait peut-être encore illusion sur les dépenses des fonctionnaires. Ces agens du pouvoir ne créent pas les richesses dont se composent leurs émolumens, elles existaient dans la société ; ce sont des produits changés de possesseurs. Que les

appointemens d'un intendant soient de quarante
mille francs, cette somme est la contribution de
vingt propriétaires qui paient chacun deux mille
francs. Si le fisc ne leur enlevait pas cet argent,
ils le mettraient en partie à l'amélioration de
leurs terres, en partie à des consommations
utiles ou agréables. Pense-t-on que le public ne
trouverait pas autant d'avantages dans ces divers
emplois de leur revenu, que dans les dîners et
les bals de l'intendant?

Aucun observateur ne peut être dupe de cette
phrase tant de fois répétée : *Ce que le gouvernement lève en impôts sur le public, il le restitue au public.* Pour le restituer, il faudrait le
rendre, sans demander rien en échange. Le gouvernement ne restitue pas les produits qu'il reçoit, il les échange contre d'autres. Qu'un ouvrier paie quarante sous au fisc, en consom-
mant des objets imposés, tabac, sel, vin, etc.,
s'il fait ensuite, pour le gouvernement, une journée de travail, et qu'elle soit payée quarante
sous, son argent lui est-il remboursé? Non :
il a donné pour quarante sous de travail, et

sa contribution est toujours perdue pour lui.

Souvent l'impôt ne revient point, même par échange, à ceux qui l'ont payé. On a mille fois répété que l'auteur du *Télémaque* est tombé dans de graves erreurs en économie politique. En effet, ce qu'il dit de la réforme de Salente prouve qu'il croyait l'industrie des villes nuisible à celle des campagnes. Une pareille opinion n'a plus besoin d'être combattue ; mais gardons-nous de juger légèrement Fénelon. Son erreur est une conséquence fausse d'un fait vrai, qu'il pouvait avoir sous les yeux. Si le prince accable d'impôts l'agriculture, afin d'élever un palais et de prodiguer les fêtes sur un point du royaume, ce point isolé offrira le spectacle de l'opulence, et l'état sera plongé dans la misère.

Si l'on persuadait à des princes bons, humains, que la prodigalité encourage l'industrie, que les profusions enrichissent un pays, on leur ferait croire qu'ils peuvent, sans mesure, augmenter et multiplier les impôts ; on les ferait arriver aux mêmes résultats que ces despotes d'Asie qui se croient propriétaires des biens de leurs sujets.

La science financière eut long-temps pour but de créer des ressources au fisc, et d'enlever une part toujours plus forte des revenus : il est à desirer que, maintenant, elle enseigne à diminuer les charges publiques.

La base d'un bon système de finances ne peut être que la réduction des dépenses. Pour juger quelles difficultés on rencontre, lorsqu'on veut passer de cette théorie à la pratique, c'est assez de connaître la force de l'intérêt personnel et des passions cupides. Sans même parler de la rapacité des gens accoutumés à vivre d'abus, l'habitude de beaucoup dépenser est pour les gouvernemens, ainsi que pour les particuliers, une habitude difficile à changer.

Il faudrait se délivrer des dépenses qui enrichissent des individus, et faire avec économie celles qui enrichissent l'état *. Quand les dé-

---

* C'est pour ces dernières seules qu'on doit craindre d'aller jusqu'à la parcimonie. Il est facile d'épargner de fortes sommes au trésor, en autorisant des compagnies à faire des travaux qu'exige l'intérêt public. Ce moyen cependant n'est pas sans inconvénient. Par exemple, des canaux

penses sont réduites, il est encore très embar-
rassant de juger quels moyens d'y pourvoir sont
les moins onéreux.

On voudrait que chaque individu contribuât
aux dépenses publiques, en proportion du revenu dont il jouit. Mais, quelle odieuse inquisition parviendrait à connaître le revenu de chaque particulier? Il faudrait connaître aussi les
charges dont le revenu est grevé. Ces bases varient sans cesse ; ce serait peu de renouveler une
fois chaque année les perquisitions vexatoires.
Ne parlons pas des ruses qu'emploieraient les

peuvent être construits, sans qu'il en coûte rien à l'état;
mais il faudra que les actionnaires recueillent long-temps
des bénéfices; tandis que si le public se fût chargé des frais
de construction, il n'aurait à supporter que les frais d'entretien. Dans tous les cas le public paie : il s'agit de savoir
quel mode de paiement est le plus convenable. Si le public
est assez riche pour payer sur-le-champ, il paiera moins ; ce
mode est donc le plus avantageux : mais, si les avances sont
trop considérables pour le trésor, et qu'il s'agisse d'établissemens fort utiles, on est heureux de pouvoir les faire exécuter sans retard, sauf à les payer plus cher ensuite.

contribuables de mauvaise foi; mais combien d'hommes ont intérêt à ne pas révéler l'état de leurs affaires, sans qu'on puisse rien en conclure contre leur probité. Lorsque, dans de très petites républiques, telles que Hambourg et Genève, on a levé des impôts proportionnels sur le revenu ou sur la fortune des citoyens, chaque somme versée au trésor est restée inconnue. Il est dans la nature de ces contributions d'être acquittées en secret, sous la foi d'un serment qui atteste qu'on s'est fidèlement taxé. On ne trouvera jamais, dans chacun des habitans d'un vaste état, une conscience assez rigide pour qu'on puisse subvenir à la totalité des dépenses publiques au moyen d'un impôt qui demande une si touchante bonne foi.

Dans l'impossibilité de connaître le revenu entre les mains du possesseur, si l'on veut essayer de l'atteindre au moment où il en sort pour être employé, on juge bientôt qu'une multitude de dépenses ne sont point imposables. Quelques écrivains pensent qu'on résoudrait le problème en taxant une denrée que chaque individu consomme. On atteindrait tous les revenus en mettant une taxe sur la mouture des grains; mais un pareil impôt, loin d'être proportionnel, deviendrait plus lourd en raison du nombre d'enfans qu'on aurait à nourrir, et s'allégerait par les moyens que donnerait la fortune pour avoir en abondance d'autres objets de consommation.

La recherche d'un impôt unique et proportionnel étant illusoire, on est obligé de varier les impôts, afin de répartir les charges publiques avec moins d'inégalité. La difficulté de connaître les bases sur lesquelles il faut asseoir chacune des contributions est encore extrême. Le revenu qui consiste dans la rente des terres est le plus en évidence; les autres sont bien moins appréciables. La rente des sommes prêtées à intérêt est si facile à déguiser que, presque toujours, on a craint d'inquiéter les capitalistes par des recherches qui seraient peu fructueuses, et qui feraient fuir les capitaux d'une terre inhospitalière *. Les profits des entreprises d'indus-

* Les rentes sur l'état sont bien connues; mais l'équité ne permet pas de les imposer. Si, en ouvrant un emprunt au

trie sont impossibles à constater; on atteint les entrepreneurs par des impôts, tels que celui des patentes, dont les bases sont nécessairement inexactes. La même impossibilité se fait sentir lorsqu'il s'agit des salaires. On trouverait d'ailleurs odieux de prendre ouvertement une partie des gains du pauvre ; mais quelquefois ils sont excessivement diminués par les taxes sur les consommations, taxes au paiement desquelles contribuent tous les genres de revenus.

Soit qu'on veuille établir des contributions, soit qu'on veuille en supprimer, on a besoin de savoir quelles conditions un impôt doit remplir pour être le moins préjudiciable qu'il est possible : c'est ce que nous allons examiner.

1° Il faut qu'une contribution ne soit pas immorale. Je crois superflu de dire encore ce qu'une juste indignation a fait répéter tant de

cinq, on annonçait que la rente sera grevée d'un impôt du cinquième, ce serait ouvrir l'emprunt au quatre. Si, après l'avoir établi sans condition, on impose les prêteurs, c'est faire une banqueroute égale au montant de la contribution qu'on exige.

fois contre les loteries. Quelques personnes assurent que, si elles étaient abolies dans un état, le goût du jeu ferait tourner leur suppression au profit des loteries étrangères ; et que, par conséquent, on doit les conserver. Singulière logique! je vous prends votre argent, parce que d'autres vous voleraient peut-être! La perte en argent fût-elle encore la même, il y aurait un gain immense en morale. On cesserait de voir le gouvernement donner un scandaleux exemple, en faisant le métier de banquier de jeu, métier le plus vil et le plus exécrable de tous, sans exception, puisque les assassins n'ont pas un métier. Mais à quel homme de bon sens fera-t-on croire que si les ouvriers, les domestiques ne pouvaient jouer qu'avec des agens étrangers, poursuivis par la justice, ils perdraient leurs salaires et leurs gages aussi facilement que lorsqu'on prend soin de leur ouvrir, dans chaque rue, des maisons de jeu, à la porte desquelles on fait impudemment toutes les invitations qui peuvent abuser la cupidité des sots?

Je crois très immoraux, très propres à faire

éclater un jour les divisions et les haines entre les habitans d'un pays, ces impôts qui ne frappent qu'une partie d'entre eux, et qui flétrissent ceux qu'on soumet à les acquitter. Telles étaient en France la taille et la corvée.

On doit aussi juger immorales les taxes qui présentent un grand appât à la fraude, qui font abandonner les métiers honnêtes pour tenter des gains illicites, qui rendent la délation utile, obligent à punir les délits qu'elles seules ont créés, et souvent ne laissent que le vice pour ressource aux enfans de ceux qu'elles ont rendus coupables.

2° Il importe que la presque totalité de l'argent qui sort de la bourse des particuliers entre dans la caisse de l'état. Les impôts qui demandent des frais de perception considérables, ceux qu'on ne peut faire rentrer sans le secours d'une armée de commis, sont accompagnés d'une surcharge qui nuit à nos dépenses privées, et ne sert point à nos dépenses publiques.

Observons que certaines contributions se paient de trois manières à-la-fois : en argent, en

perte de temps, et en vexations essuyées. La
perte de temps peut être évaluée à une somme
qu'il faut ajouter au montant de l'impôt, si l'on
veut savoir ce qu'il coûte. Les vexations fatiguent, découragent le producteur, et diminuent
ainsi la production. Enfin, si l'on subit des chi-
canes, des procès, il faut encore dépenser de
l'argent et du temps. Que de sommes ajoutées
à celle dont le gouvernement a besoin !

Les taxes vexatoires font ressentir leurs effets
les plus oppressifs lorsqu'elles sont affermées,
et par conséquent exploitées avec toute l'avidité
de l'intérêt personnel. Changer la ferme en ré-
gie est un moyen de faire gagner à-la-fois les
contribuables et le trésor, qui reçoit une partie
des bénéfices dont se gorgeaient les fermiers.

Ces taxes une fois établies, sont protégées
par les gains qu'elles procurent à de nombreux
individus. Que deviendraient les employés si on
les supprimait? On pourrait prendre un parti
fort simple : ce serait, après avoir résolu la suppression d'une taxe, de la percevoir encore aussi
long-temps qu'il le faudrait, pour lui faire pro-

duire une somme suffisante aux retraites des employés.

Un impôt est gênant s'il oblige à des perquisitions chez les fabricans ou les commerçans; il est intolérable s'il exige des visites chez tous les particuliers. Dans le premier cas, on trouve aisément des excuses à la surveillance. Si elle est dès long-temps établie, ceux qui la supportent savaient, en prenant leur état, qu'ils y seraient soumis; mais nul motif ne peut justifier les perquisitions générales. Les Anglais trouvèrent insupportable un impôt sur les cheminées, qui les obligeait à laisser entrer jusque dans leurs appartemens les préposés du fisc; et l'impôt ne fut pas maintenu. Il est utile que l'opinion repousse les taxes vexatoires; elle assure ainsi la dignité du caractère national. Mais il est à desirer que les contribuables soient assez éclairés pour savoir qu'on ne peut choisir qu'entre des inconvéniens, et qu'il faut supporter les taxes exemptes des vices les plus graves. En France, on a beaucoup parlé contre l'impôt sur les fenêtres; on a dit qu'il fait payer pour l'air et la lumière. Cette phrase de rhéteur est bien vague. L'impôt sur les fenêtres n'exige pas de visite gênante ; c'est un impôt mobiliaire qui n'est pas plus mauvais qu'un autre.

3° L'humanité, l'intérêt social veulent qu'on n'établisse pas des contributions qui mettraient en souffrance la classe ouvrière ; mais c'est se livrer à des rêveries que de vouloir subvenir à de grandes dépenses, par des taxes sur les objets réservés à la consommation du riche. La vente de ces objets est peu abondante ; et comme ils ne sont point nécessaires, le renchérissement de leur prix diminuerait encore la vente. On peut imposer, par exemple, les voitures de maître, mais ce sera toujours une faible ressource. L'impôt sur le tabac, sans le monopole, est un de ceux qui réunissent le plus de conditions desirables. Le tabac n'est point de première nécessité, et l'usage en est assez répandu pour donner un produit élevé. Cependant, chaque impôt ayant ses inconvéniens, celui-ci a le désavantage d'exiger, pour sa perception, des frais considérables.

Souvent on a demandé sur qui tombent, en dernier résultat, les impôts. Plusieurs écrivains pensent que toute contribution se trouve enfin répartie entre les diverses classes de la société, par l'effet des rapports multipliés qui existent entre elles. D'autres soutiennent, au contraire, que la classe qui achète et ne vend rien, supporte tout le poids des contributions, puisque les autres classes peuvent lui faire rembourser leurs avances, et qu'elle ne peut recouvrer les siennes. Ces deux opinions sont trop absolues. La première est inexacte : on a vu fréquemment une branche de revenu desséchée par l'impôt, tandis que les autres ne souffraient pas, ou souffraient beaucoup moins; ce qui ne pourrait avoir lieu si la proposition que je conteste était vraie. Cette proposition a seulement assez de vérité pour prouver que la seconde est inexacte aussi. Ceux qui ne vendent rien, ne peuvent assurément reconvrer le montant des impôts qu'ils ont payés [*]; mais, il ne s'ensuit pas que les produc-

---

[*] À moins que ce ne soit par des places ou des pensions du gouvernement.

teurs puissent toujours reprendre sur eux leurs avances. Je m'étonne d'entendre dire à Smith[*] : *Le marchand qui fait l'avance d'un impôt doit, en général, s'en faire rembourser* AVEC UN PROFIT. En général, il ne peut en être ainsi. L'homme industrieux verrait bientôt diminuer la consommation, s'il élevait trop le prix des marchandises. Loin d'oser les charger de l'intérêt des sommes qu'il a données au fisc, il supporte presque toujours une partie de l'impôt; et, dans des cas assez rares sans doute, il se résigne à diminuer ses profits de tout le montant de la taxe.

J'ai dit, en parlant des salaires, combien il importe que les marchandises soient à bas prix : or, elles sont plus chères qu'elles ne devraient l'être, partout où les impôts sont considérables. Les entrepreneurs d'industrie ont à payer leurs contributions directes et les droits sur les consommations; ils achètent plus cher une foule d'objets; et, bien qu'il ne puissent se faire rembourser en totalité ce que le fisc leur enlève, ils en re-

[*] Tome IV, page 376.

couvrent une partie par l'élévation de leurs prix.
Si le mal s'accroît, si les impôts deviennent toujours plus excessifs, il ne peut se former des capitaux, ceux qui existent se détruisent ou s'altèrent, des entreprises cessent ou languissent : la classe ouvrière est moins employée ; et tandis que les produits qu'elle consomme augmentent de valeur, elle voit diminuer le prix du travail. Que faut-il de plus pour démontrer que d'énormes impôts sont une horrible calamité!

4° Il est à desirer que les bases d'un impôt soient faciles à connaître, que le contribuable ait ainsi la certitude que, dans la répartition, son fardeau ne sera pas augmenté par l'inimitié, et celui de son voisin allégé par la faveur.

On doit d'autant plus éviter l'arbitraire, qu'il reste toujours de grandes inégalités dans la manière dont l'impôt se trouve réparti. Quelle différence dans le poids que supportent les contribuables, selon qu'ils ont ou n'ont pas des enfans, des charges, des dettes, et pour beaucoup d'entre eux, selon que le ciel leur accorde ou leur refuse la santé!

Des impôts, dont on a fait souvent la censure, me semblent préférables à d'autres, parce que leurs bases ne sont point incertaines. Les droits sur les héritages ont sans doute des inconvéniens graves ; on leur reproche de porter, non sur les revenus, mais sur les capitaux. J'en serais, cependant, l'apologiste : ils ne peuvent être arbitrairement répartis.

Les droits sur les consommations, sauf le cas de friponnerie des agens du fisc, sont exempts d'arbitraire dans leur répartition. Chacun peut savoir quel droit pèse sur tel objet, juger ce que son revenu lui permet d'en supporter, et se taxer soi-même en réglant sa dépense. Mais ce dernier avantage est tout-à-fait illusoire, quand la taxe frappe un objet de première nécessité ; elle est alors très inégale, par cela même qu'elle est égale pour tous les degrés de fortune. L'impôt sur le sel a, dès les temps anciens, flatté l'avidité des financiers ; il n'en est pas moins un des plus injustes qui se puissent imaginer, car il est onéreux pour le pauvre, insignifiant pour le riche. Dans un système d'économie, ce serait un des premiers impôts à supprimer, alors même qu'on oublierait sa funeste influence sur l'agriculture.

Il est un cas où l'égalité de répartition doit être sacrifiée à un plus grand avantage. Lorsque, au moyen d'un cadastre, on a réparti l'impôt territorial aussi également qu'il est possible, je crois utile que la répartition reste long-temps la même. Sans doute, l'inégalité s'introduit bientôt : des terres mieux soignées viennent à produire un plus grand revenu, tandis que le revenu d'autres terres diminue ; mais l'inconvénient le plus grave consisterait à frapper les améliorations de culture. Si les terres ont changé de maîtres depuis l'établissement du cadastre, la part qu'elles avaient à payer a nécessairement influé sur leur prix; et le dégrèvement serait un cadeau fait aux acquéreurs. Si les propriétaires sont les mêmes, la fixité doit leur être avantageuse, puisqu'il est dans la nature des choses que l'agriculture s'améliore. La fixité est un encouragement, une récompense pour l'industrie; et les surcharges qui en résultent, doivent être considérées comme une peine portée contre l'i-

gnorance et la paresse. Cette manière de voir a
produit un grand bien en Angleterre; et malgré
ses inconvéniens, elle offrira toujours un des
plus puissans moyens de donner l'impulsion à
l'agriculture.

5° Un impôt est moins lourd, si on le perçoit
lorsque le contribuable est en état de s'acquitter.
Le droit sur les héritages est demandé au moment où celui qui le paie devient plus riche.

Si l'impôt territorial est exigé de manière que
le cultivateur soit forcé de vendre sans retard ses
denrées, au lieu d'attendre une époque favorable, on lui fait subir une surcharge qui peut être
accablante. Au contraire, l'idée de faire payer
des contributions par douzièmes, a dû les alléger.

Le poids des taxes sur les consommations est
adouci par la facilité qu'on a de payer par petites portions. Mais la fiscalité a fait tourner
contre les peuples, un avantage qui lui permet
d'élever et de multiplier les taxes. Bien peu de
contribuables ne seraient pas effrayés, si l'on
mettait sous leurs yeux le total de ce qu'ils auront à payer dans l'année.

6° Une qualité qu'on ne peut trop desirer dans les impôts, une qualité qui fait d'sparaître la plupart de leurs vices, c'est leur modération.

On éprouve un sentiment pénible en voyant qu'il est impossible d'établir une répartition parfaitement égale des impôts. C'est dans leur modération qu'est le plus sûr palliatif de l'inégalité.

Un principe très juste, c'est qu'on doit atteindre les revenus, non frapper les capitaux. Mais, les capitaux sont altérés surtout par les impôts énormes. Si l'on enlève à un homme la presque totalité de ce qu'il destinait à ses dépenses, il faudra bien que, pour vivre, il prenne sur son capital. Au contraire, si une taxe qui porte sur les capitaux est faible, elle peut être payée avec du revenu qu'on destinait à ses plaisirs, ou si les capitaux en font l'avance, les économies sur le revenu pourront bientôt les rétablir.

Je crois inutile de rappeler que, pour rendre les taxes plus productives, souvent il suffit de les modérer. La fraude disparaît ou devient moins active; en même temps, les consommations baissant de prix, deviennent plus abondantes. Ces faits sont reconnus par tous les observateurs.

Après avoir réfléchi sur les impôts, on voit qu'ils ont tous des inconvéniens graves; et l'on finit par dire que le meilleur ministre des finances est celui qui fait le moins payer. Dans un état qui serait délivré des contributions immorales, et de celles dont la perception est très coûteuse, où les autres seraient modérées, le système d'impôt approcherait de la perfection autant qu'il est possible.

CHAPITRE III.

DES EMPRUNTS.

La sagesse dit de régler les contributions d'a-
près les besoins de l'état scrupuleusement con-
statés ; mais trop souvent, dans les conseils de
financiers, il ne s'agit que d'arracher aux contribuables le plus d'argent qu'il est possible. Si des
circonstances imprévues réclament ensuite de
nouvelles dépenses, ne pouvant plus accroître
les impôts, on recourt aux emprunts : il en est
de plusieurs espèces.

Lorsqu'on veut avoir sans retard le produit
d'une contribution qui ne peut être perçue que
dans le cours de l'année, il se trouve des gens
disposés à faire l'avance d'une partie de l'impôt,
pourvu qu'on leur en abandonne la totalité. Les
financiers qui, les premiers, indiquèrent aux
gouvernemens une pareille ressource, n'eurent

pas besoin d'un effort de génie ; ils imitèrent ces usuriers qu'ils voyaient instruire des jeunes gens à dissiper un revenu avant de l'avoir touché. Ces *anticipations* sont de véritables emprunts ; les papiers qu'elles donnent lieu d'émettre, et quelques autres, réprésentent le montant de ce qu'on nomme la *dette flottante*.

Les autres emprunts, ceux qu'on inscrit au trésor, pour en payer annuellement l'intérêt, forment la *dette constituée,* qui ne fut pas toujours, comme aujourd'hui, une mine qu'on exploite avec facilité, et qu'on suppose inépuisable. A l'époque où les princes firent les premiers emprunts, ils n'obtinrent les sommes dont ils avaient besoin qu'en hypothéquant leurs domaines : alors ils remboursaient aussitôt qu'ils le pouvaient. Quand les richesses plus répandues permirent d'emprunter, sans donner d'autre gage que la rentrée des impôts, on continua d'abord de songer à rembourser le capital ; on se fût effrayé de contracter une dette sans apercevoir le moment de l'éteindre. Tantôt, on prenait de l'argent à rente *viagère ;* ressource immorale, heureusement décriée de nos jours. Tantôt, on empruntait *à terme ;* et, chaque année, on payait une partie du capital en même temps que l'intérêt. On n'eut pas sur-le-champ l'idée d'emprunter à rente *perpétuelle ;* c'est-à-dire de dévorer des sommes prodigieuses, et de léguer à l'avenir le soin de les acquitter, s'il le peut.

Ce moyen de trouver de l'argent chez un peuple épuisé, ce moyen de remplir les coffres de l'état, sans paraître augmenter les charges publiques, à causé le développement immense de la prodigalité des princes. On veut avoir plusieurs centaines de millions, pour satisfaire des vues ambitieuses; mais cette somme est énorme, on tenterait vainement de l'arracher à des contribuables obérés. Leurs sueurs peuvent-elles produire encore vingt millions par an ? C'est assez : on emprunte quatre cent millions, et l'on paie les intérêts.

Ce moyen de dissipation et de ruine, semble être assez puissant pour assouvir la plus ardente cupidité : on a su le perfectionner. On a trouvé qu'il agissait avec trop de lenteur, on a redoublé son activité; une invention infernale est venue faciliter les emprunts. Le crédit pour un gouvernement, ainsi que pour un particulier, résulte de l'opinion qu'on a de sa probité et de ses richesses; on lui prête, si l'on croit qu'il voudra et qu'il pourra payer. Grâce à l'invention dont je parle, on est maître de s'endetter avec le plus mince crédit. Le gouvernement annonce, par exemple, un emprunt de cent millions, qu'il sait ne pouvoir remplir : il le vend soixante millions, peut-être moins, à une compagnie qui devient propriétaire de cent millions de créances, et qui sait les revendre en détail avec bénéfice. Quelquefois, cette compagnie cède à une autre son marché; et, sans avoir rien payé, fait un gain considérable. Aussi est-il des circonstances où l'on sollicite, comme une insigne faveur, d'être admis au nombre de ceux qui vont saisir l'emprunt; on s'y jette; c'est une véritable curée.

Les turpitudes devaient naturellement pulluler sous le régime des dettes. L'agiotage est fils de l'emprunt. Les titres de rentes haussent ou baissent de valeur, selon le degré de confiance qu'on accorde au gouvernement. Il est donc avantageux de vendre ces titres dans certains momens, pour les racheter dans d'autres. Ce jeu a paru circonscrit dans des limites trop étroites. Un homme qui n'aura jamais de rentes, propose à un autre qui n'en veut point acheter, de lui en vendre à tel prix, à telle époque. C'est une gageure sur le taux de la rente à cette époque. Celui qui perd doit une somme égale à celle dont il s'est trompé. La Bourse devient un tripot d'autant plus redoutable que là il n'est pas besoin de mettre au jeu. Mais le comble de l'ignominie, c'est que les hommes du gouvernement pourront toujours être soupçonnés de se mêler clandestinement aux joueurs; et comme ils ont les moyens d'être instruits les premiers des circonstances qui feront varier la rente, s'ils jouent, c'est à coup sûr. Grâce à nos inventions financières, les administrateurs de la fortune publique, ceux qui doivent l'exemple de la délicatesse, peuvent devenir joueurs-fripons à leur profit, en attendant qu'ils soient banqueroutiers pour le compte de l'état.

L'existence d'une dette publique a cependant
des apologistes. Observons que les premiers
écrits qui la préconisent furent composés en
Angleterre, pour servir des vues ministérielles.
Plus d'un lecteur a pris pour les ouvrages d'é-
conomistes profonds, quelques brochures de
pamphlétaires avides. Cependant, plusieurs hommes intègres ont célébré les bienfaits de la dette.
A les entendre, elle crée dans l'état un nouveau
capital, elle fait naître une classe précieuse de
consommateurs, elle donne au gouvernement le
seul moyen d'exécuter de grandes choses, et rend
les citoyens ou les sujets plus intéressés au maintien de l'ordre : ainsi la dette est une espèce de
talisman dont la possession fait naître la prospérité d'un empire.

Je ne laisserai sans examen, ni sans réponse,
aucune de ces assertions. C'est une idée fort
singulière que celle d'imaginer qu'en fondant la
dette, on crée un nouveau capital. Je vois d'a-
bord qu'on détruit des capitaux : les particuliers
prêtent au gouvernement leurs épargnes; celui-
ci, en les dépensant, les disperse ; elles n'existent

plus. Le rentier possède en échange un titre qui lui assure le paiement des intérêts. S'il veut avoir un capital, il peut se le procurer en vendant sa rente ; mais n'imaginons point qu'il y aura dans cette opération deux capitaux échangés. C'est s'abuser que d'en voir un dans la feuille de papier du rentier. Aussi long-temps qu'il la garde, il n'a pas de capital ; et lorsqu'il l'a vendue, son acheteur n'a plus de capital.

La dette non-seulement détruit des capitaux, mais elle rend plus chers ceux qui restent disponibles pour le commerce. Etablissant une plus grande concurrence pour les demandes de fonds, nécessairement elle fait hausser l'intérêt, ou du moins l'empêche de baisser.

Combien de capitaux ne détruit-elle pas en détournant de leurs premières occupations beaucoup d'hommes qui faisaient un négoce honorable, en les poussant vers des spéculations hasardeuses et honteuses ! L'auteur des *observations sur le commerce*, publiées en Angleterre, à une époque de ferveur pour la dette, dit en parlant des négocians : « Ils n'ont plus besoin de ha-

sarder leur argent sur des vaisseaux qui trafi-
quent aux extrémités du monde ; ils se conten-
tent de croiser et de pirater dans les cours de
la bourse où ils font un prodigieux nombre de
prises ». Tous ne font pas des prises ; la plupart
essuient des tempêtes.

Long-temps on a parlé des avantages que procurent à l'industrie les consommations des rentiers. Quand les richesses sont bien distribuées,
il est absurde d'imaginer qu'on ait besoin de
créer une classe particulière de consommateurs.
Dans un état bien ordonné, chacun sait se faire
un revenu, et s'entend à le dépenser.

Si la dette n'existait pas, les rentiers auraient-
ils enfoui leur argent ? Beaucoup d'entre eux,
peut-être, auraient une existence plus utile. Certes, on peut vivre du produit de rentes sur l'état,
et mériter l'estime, la reconnaissance par ses lumières et par son zèle pour l'intérêt public ; mais
il est également certain que ce genre de revenu
favorise une vie oisive, stérile, égoïste. Quelques
financiers desirent de faire naître dans les provinces le goût d'avoir des rentes sur l'état, et

je tremble qu'ils n'y réussissent. On verrait des propriétaires, et même des fermiers, enlever des capitaux à l'agriculture, dans l'espoir de grossir leurs revenus; on verrait pénétrer jusque dans les villages une ardeur de gain désordonnée, dont les résultats inévitables sont la fainéantise et la dissipation.

Un des plus grands panégyristes des emprunts, Melon, dit qu'un état ne peut jamais être affaibli par ses dettes, parce que *les intérêts sont payés de la main droite à la main gauche* *. Il ne peut être indifférent que des sommes soient enlevées à la main qui travaille, pour être données à la main qui dissipe. Avec la phrase de Melon, que tant de gens ont niaisement répétée, il n'y a pas d'extorsion, de vol qu'on ne pût justifier. L'argent n'est jamais anéanti; s'il n'est plus dans une main, il est dans une autre; ce qui doit être fort consolant pour les gens qu'on dépouille.

Trop souvent on a dit avec un air de triomphe, que l'argent qu'il faudrait arracher aux

* *Du Crédit public*, chap. XXII.

contribuables, est apporté volontairement à l'emprunt. Sans doute les prêteurs donnent volontairement leurs épargnes; mais, est-ce volontairement que nous payons l'intérêt? et s'il faut un jour opérer le remboursement, ou s'il faut subir la banqueroute, est-ce volontairement que nos enfans s'y soumettront?

Cependant, bien des gens sont frappés de ce fait que les peuples endettés sont des peuples riches. Quand je vois l'industrie prospérer dans un état dont l'administration est vicieuse, dois-je penser que cet état serait encore plus riche s'il était bien administré, ou dois-je croire que le moyen d'enrichir un pays est de le mal administrer?

Une foule d'erreurs séduisent ainsi les hommes qui jugent sur l'apparence. On se fait illusion lorsqu'on croit apercevoir dans la hausse des rentes un signe de prospérité publique. Cette hausse peut quelquefois annoncer que le calme renaît, que le gouvernement acquiert de la stabilité; mais plus souvent elle prouve la langueur de l'industrie. Que d'heureuses circonstances donnent au commerce une impulsion nouvelle, les rentes baisseront, puisque beaucoup d'hommes vendront leurs créances, pour se livrer à des entreprises où l'emploi de leurs fonds sera plus lucratif.

Les emprunts, qu'on nous dit être une merveilleuse ressource pour réaliser de grands projets, n'ont guère servi qu'à de grandes folies. Ah! sans doute, si l'on ne faisait un emprunt que pour des travaux nécessaires aux progrès de l'industrie, et qu'on eût la sagesse de le rembourser fidèlement dans un certain nombre d'années, il serait impossible de ne pas voir des avantages à cette manière d'effectuer sur-le-champ d'utiles dépenses, sans lever d'impôt considérable, et sans laisser à la postérité le fardeau d'une dette.

Un gouvernement qui n'accumulerait pas emprunt sur emprunt pourrait se libérer facilement; mais, à peine une dette commence-t-elle à diminuer qu'une autre vient aggraver les charges publiques; et presque toujours on voit les fonds d'amortissement enlevés à leur destination *. Une administration prudente semble n'être point à l'usage de nos états d'Europe. La prodigalité les charme dans les jours de paix ; et les efforts incroyables auxquels ils se livrent

---

* On crée une *caisse d'amortissement* en lui assignant un revenu qu'elle emploie à l'acquisition de rentes, dont les titres reviennent ainsi aux mains du gouvernement. La caisse continue cette opération, tant avec son revenu primitif qu'avec les intérêts des rentes achetées, ce qui lui donne de plus en plus les moyens de diminuer la dette. Aussi long-temps que les effets publics sont au-dessous du pair, cette opération est fort avantageuse ; mais lorsqu'ils sont au-dessus, il est évident que le remboursement serait préférable.

Une somme annuelle, équivalente au deux pour cent d'une dette, peut l'éteindre en cinquante ans. Vingt millions rembourseraient ainsi un milliard ; et la charge des contribuables s'allégerait chaque année par la diminution du montant des intérêts.

On peut marcher plus rapidement vers la libération. Un état qui contracte une dette de cent millions a besoin que l'économie, ou un accroissement d'impôt, lui fournisse cinq millions pour acquitter les intérêts ; s'il se procure encore deux millions, destinés au remboursement du capital, et qu'il perçoive, pour ce double objet, les sept millions, jus-

pendant la guerre, contraignent chacun d'eux à
s'épuiser. Si l'on pense aux travaux utiles qui
pourraient être exécutés avec les produits qu'une
guerre dévore en peu de mois, et qu'on essaie
de calculer ensuite quelle immense quantité de
produits les Français, les Anglais et les autres
peuples de l'Europe ont anéantis durant les lon-
gues guerres dont nous avons subi les victoires
et les désastres, on reste étourdi des maux que
se font les hommes, et des changemens inouïs

qu'à l'entière extinction de la dette, on verra tous les ans
diminuer la somme qu'exigent les intérêts, et s'accroître
celle qui sert au remboursement. Cette dernière est de deux
millions cent mille francs dès la seconde année; elle s'élève,
quand la moitié de la dette est éteinte, à quatre millions
cinq cent mille francs.

Si les rentes sont tellement au-dessus du pair que, par
exemple, les acheteurs placent leur argent au quatre, le
gouvernement peut, en ouvrant un second emprunt au-
dessous du cinq, le voir se remplir, employer le produit à
rembourser le premier emprunt, et faire concourir le bénéfice qu'il obtient sur les intérêts à l'extinction de sa dette
nouvelle.

qu'une administration sage apporterait sur la terre.

Les emprunts seront toujours un périlleux moyen de prospérité. Dès qu'on emprunte, on est bien près de dissiper; et, du moins, a-t-on révélé à ses successeurs par quelle ressource ils pourront tenter d'assouvir leur soif de dépenser. Lorsque, dans le conseil de Louis XIV, on eut résolu un emprunt contre l'opinion de Colbert, ce ministre dit à Lamoignon, dont l'avis avait prévalu : *Vous venez d'ouvrir une plaie que vos petits-fils ne verront pas fermer; vous en répondrez à la nation et à la postérité.*

On abuse étrangement les princes lorsqu'on fait valoir près d'eux que la dette publique rend beaucoup d'hommes intéressés au maintien de l'ordre, à la stabilité du gouvernement. Sans doute les rentiers doivent craindre tout événement qui pourrait compromettre leurs créances, ou retarder le paiement des intérêts. Mais, il est d'autres moyens pour attacher plus sincèrement un plus grand nombre d'hommes à la chose publique; et l'avantage que je viens de reconnaître peut-il entrer en balance avec le danger de succomber un jour sous le poids de la dette? Ce serait une époque terrible pour les peuples, et plus encore pour les gouvernemens. Les peuples survivent à de grandes catastrophes; mais les gouvernemens banqueroutiers peuvent disparaître dans l'incendie des révolutions.

De fatales crises attendent les états qui dédaigneront de s'arrêter dans la route où nous les voyons courir avec une inconcevable assurance. Si l'on prédit qu'à tel moment, tel pays ne pourra soutenir le fardeau de sa dette, il est à présumer que cette prédiction sera fausse; mille circonstances imprévues retardent un bouleversement; mais on peut affirmer que les états endettés, qui s'étourdissent sur leurs dangers, arriveront à la banqueroute, de même que la mort est certaine, sans que l'époque en soit connue.

~~~~~~

CHAPITRE IV.

DE L'ABUS QU'ON PEUT FAIRE DE L'ÉCONOMIE POLITIQUE.

Pour découvrir les moyens de répandre l'aisance, l'économie politique observe comment se forment, se distribuent et se consomment les richesses. L'utilité de son but doit faire oublier ce qu'il y a d'aride dans ses recherches. Diminuer les souffrances physiques et morales des hommes, rapprocher les peuples, quels sujets sont plus dignes d'occuper les esprits ? *

---

* Il est étonnant que l'Université de France n'offre pas de cours d'économie politique. Les personnes qui redoutent, pour la jeunesse, l'enseignement des sciences morales et politiques, me semblent peu connaitre leur pays et leur siècle. Le système d'instruction doit être en harmonie avec la
~~~~~~

Lorsqu'on étudie la science des richesses, il est essentiel de ne jamais perdre de vue ses rapports avec l'amélioration et le bonheur des hommes. On dénature cette science, si l'on ne considère les richesses qu'en elles-mêmes et pour elles-mêmes. A force d'attacher ses regards sur leur formation, sur leur consommation, on finirait par ne plus voir dans le monde que des intérêts mercantiles. Les esprits faux peuvent abuser à ce point de l'économie politique.

J'ai vu à regret plusieurs écrivains employer des expressions qui semblent matérialiser tous nos intérêts. Smith que la nature avait doué d'une imagination brillante, et qui sut offrir les

forme du gouvernement; or, l'étude de ces sciences est indispensable pour former des pairs, des députés, des administrateurs, des citoyens éclairés. Telle est, d'ailleurs, la disposition des esprits que ces sciences seront nécessairement étudiées, et que la seule question est de savoir si elles le seront bien ou si elles le seront mal. On commettrait une grave imprudence si l'on abandonnait au hasard le soin de décider cette question; un gouvernement sage doit la résoudre en donnant aux jeunes gens d'habiles professeurs.

leçons d'une ingénieuse morale, Smith lui-même n'est point à l'abri de ce reproche. Par exemple, il désigne sous le nom d'*ouvriers improductifs* tous les hommes dont les travaux ne créent pas des produits matériels. Non-seulement il est inconvenant de donner aux magistrats, aux savans, le nom d'ouvriers qui s'applique uniquement aux individus occupés de travaux manuels ; mais, en se servant des mots *ouvriers improductifs*, on nous jette dans une étrange erreur, si l'on nous persuade que ceux qui contribuent à faire régner la justice, et ceux qui répandent les lumières, ne produisent rien sur la terre. Je ne reconnais ni la raison, ni le goût de Smith lorsqu'il parle des hommes comme d'une *marchandise,* et de l'espèce de *déchet* que cette marchandise peut éprouver [*]. Toute expression de ce genre est aussi fausse que répugnante.

Aimons à célébrer les bienfaits que répand l'industrie ; mais n'allons point, avec quelques rêveurs, lui donner une importance exclusive, une

---

[*] *Richesse des nations*, tome 1, page 163.

prééminence imaginaire ; gardons-nous de supposer que les hommes dont elle emploie les facultés
soient les seuls citoyens utiles, aux dépens des-
quels tous les autres existent. De telles folies, en
se propageant, anéantiraient la civilisation. L'industrie s'arrêterait dans sa marche rapide, si les
sciences cessaient de l'animer par des applications
fécondes. Les sciences languiraient, si l'on ne ve-
nait plus les interroger que pour en obtenir des
secrets lucratifs ; elles veulent que des esprits supérieurs les cultivent dans la seule espérance et
pour le seul bonheur de contempler des vérités
nouvelles. L'homme ne connaîtrait que la moins
belle partie de son domaine, s'il se bornait à
l'exploration des sciences physiques et mathématiques : il est des sources de vertu et de lumières, de liberté et de bonheur que décou-
vrent à ses yeux les sciences morales et politiques. Toutes les sciences perdraient un puissant
moyen de se propager, si l'on dédaignait les
études littéraires qui servent à les embellir de
clarté et d'éclat. Ces études, en elles-mêmes,
ont une haute importance ; elles adoucissent les

mœurs, elles épurent les âmes. L'homme retournerait vers la barbarie s'il cessait d'être sensible
à la délicatesse du langage, au charme de l'élo-
quence, au pouvoir de la poésie. Lorsqu'on dit
qu'un manœuvre est plus utile à la société qu'un
poète, on dit vrai, puisque sans doute on veut
parler d'un faiseur de vers médiocres : si l'on
parlait d'un véritable poète, ce serait le blas-
phème de l'ignorance. Comment un être in-
spiré, dont les chants répandront des sentimens
élevés, des pensées généreuses, dans tous les
pays et dans tous les âges, serait-il assimilé à
l'ouvrier dont les faciles travaux n'exigent
qu'une intelligence si faible et si bornée?

La société, pour maintenir son existence, a
besoin de produits immatériels autant que de
produits matériels. Vouloir précipiter dans les
entreprises d'industrie tous les gens riches, ce
serait former un projet absurde : ce qu'on doit
raisonnablement desirer, c'est que l'opinion
proscrive l'oisiveté.

Repoussons les préjugés avilissans pour le
commerce; ils disposent les commerçans à quit-

ter leur état, ils tendent à diminuer le nombre de ces familles honorables qui conservent à l'industrie de grands capitaux, et des exemples héréditaires d'amour du travail et de fidélité aux engagemens. Mais, ne fermons point les yeux sur le danger qui menace une contrée où les manufactures et le commerce reçoivent une grande impulsion. Ce danger est celui de voir l'amour du gain se répandre dans toutes les âmes, corrompre les professions où le désintéressement est nécessaire, et les transformer en métiers lucratifs. Si l'on arrivait un jour à demander de tous les travaux : que rapportent-ils? combien valent leurs produits ? la société ne serait plus qu'un ramas de vendeurs et d'acheteurs, les plus belles facultés de l'espèce humaine deviendraient oisives et s'éteindraient.

Loin d'abaisser jamais les occupations de l'esprit qui ne créent pas des richesses, il faut élever les travaux dont le but est matériel, en les associant à d'autres qui demandent une heureuse culture des facultés morales. L'entrepreneur qui fabrique des tissus plus solides ou plus brillans que ceux dont on avait enrichi le commerce avant lui est un homme utile; mais, s'il veille à l'éducation de ses nombreux ouvriers, s'il ouvre des écoles pour leurs enfans et pour eux-mêmes, s'il en fait des êtres intelligens et probes, si l'oisiveté, la misère, le vice disparaissent des environs de sa manufacture, ce n'est plus seulement un riche fabricant, c'est un citoyen digne de la reconnaissance publique, c'est un bienfaiteur de la contrée où le ciel l'a fait naître.

L'économie politique, bien conçue, sera toujours l'auxiliaire de la morale. Ne prenons point les richesses pour un but, elles sont un moyen: leur importance résulte du pouvoir qu'elles ont d'apaiser des souffrances; et les plus précieuses sont celles qui servent au bien-être du plus grand nombre d'hommes.

FIN DU QUATRIÈME ET DERNIER LIVRE.

TABLE.

FIN DE LA TABLE.